「なるほど！」とわかる マンガはじめての自分の心理学

漫畫圖解版

了解自我心理學

精神科醫生
YUUKI YUU 監修
楊裴文 譯

晨星出版

了解周圍的人是怎麼看待自己的！

在學習心理學之後，你會逐漸了解到，從他人眼中看到的自己，與自己自以為表現出來的模樣，兩者之間其實有著不小的差異。也就是說，只有自己本身無法知道「別人事實上是怎麼看待自己」一事。

但是，如果能夠知道別人的看法，就會更懂得如何調整自己的心思或行動，對於建立豐富多元的人際關係也有極大助益。當然，對於工作等方面的發展能否成功順利，也有著非常密切的關連。

如果有人說「你就是○○性格的人」，即使和你一直以來自認的性格並不相符，也不妨試著敞開心胸去接受這樣的意見。藉由發現不同面向的嶄新自我，未來的可能性也會隨之拓展開來，對於擁有豐富充實的多采人生應該也會有著正向的聯繫。

根據別人的不同評價，對自己的看法也可能有所轉變

妳的責任感很強，非常適合當領導人喔
咦？真的嗎？

發現自己不同的新面向，拓展出未來的可能性

把資料統整好，再次向客戶確認
好
好
我從來沒思考過這點呢……

運用心理學，凝視自己的內心

在我們的心底深處，深埋著一些自己未曾發覺的情感，以及在不知不覺之間扭曲滋長的認知或想法。只要利用心理學，就能探知到這些面向的自己，也可以進一步做出改變。

首先最重要的，就是認識自己的心

人類的心可以比喻為冰山，突出在海面上的只是其中一小部分，其實，大部分的領域都是隱沒在海面之下。就像這樣，「我是屬於〇〇〇的人」或「我覺得很開心（難過）」等等，自己能夠理解並掌握到的性格和情緒，其實只是非常稀少的冰山一角，除此之外的大範圍，都是屬於自己再怎麼努力也難以察覺的「潛意識」部分。但是，透過學習心理學，能夠使你懂得逐步解析自我，察知到「原來我是〇〇〇的人啊」。

想知道自己擁有什麼樣的性格
▶P18

舉例來說……

厭惡因為嫉妒而經常道人是非的自己

⬇

轉化為「我也不要輸給那個人」的正向態度，成為促使自己變得更棒的能量！

凝視自己的內心，將之反映在行動上

從心理學的角度來凝視自己的心，能夠發現許多和自己原以為的截然不同的自己。其中，當然有一些自己喜歡的部分，相反地也會有討厭的地方。連同自己討厭的那些部分也一起全盤接受，其實是非常重要的，只要在這個基礎上，進一步改變言行舉止和行動（也就是表達內心的方式）即可。

討厭妒火攻心的自己
▶P40

了解過去不曾了解的自己！

以血型來分析性格或是星座占卜等，在各個時代都廣受人們的關注，這是因為人們對於「自己屬於什麼類型」非常感興趣的緣故。即使覺得自己應該是最清楚自己的事情的人，但是內心可能還是抱有一絲懷疑、一些期待，覺得「搞不好其實並不是這麼一回事？」。實際上，大多數的人都是看不清自己內心深處的。

而心理學，對於了解這個「真正的自己」也能夠提供幫助。那麼，了解自己又會帶來什麼益處呢？其中一個好處就是，正因為將自己好的部分和不好的部分看得更清楚，才能夠變得更喜歡自己，或是重新檢視和調整自己覺得不好的部分，進而反映於外在行動之上。換句話說，就是幫助你學會控制自己的心。

人類的心非常複雜，有著許多自己看不到的部分

沒用的自己
這次大概又搞砸了吧……
他人評價
有用的自己
幹得好！我很看好你喔

透過他人之眼來凝視自己

藉由他人的眼睛，可以讓你察覺到自己未曾發現的優點或缺點。
只要活用心理學技巧，能夠幫助你將優異之處發揚光大，
並且改善自己不喜歡的傾向等部分，因為性格是可以改變的。

認識他人眼中的自己

你是否曾因為他人對你意料之外的評價而大感驚訝？與其說他人的眼光是以客觀角度看到的自己，不如說那是自己未曾發現的面貌會更貼切。其實，這些「他人眼中的自己」對於促使自我成長也有正面助益，利用心理學，能夠幫助你學習到箇中技巧。

如何了解
真正的自己
▶P50

判斷他人眼中反映出的自己，應用於自我改革上

如果掌握了他人眼中所反映出的自我模樣，就能進一步判斷那是自己喜歡或者厭惡的特質。例如，或許你身上其實有一些自己想破頭也無從察覺的優點，這麼一來，這些長處不只能夠帶給你自信，你也可以努力將這些優勢更加發揚光大。
相反地，若是發掘到一些未曾發現的缺點，你也可以著手去改變它們。雖然改變自己的性格或想法並不是一件容易的事，但只要懂得活用心理學，就有可能使改變成真。

成為「想成為的
自己」之方法
▶P22

了解自己和他人都未知的自我！

在人類的性格和心中，有許多埋藏於深處的未知部分，不僅自己渾然不知，就連他人也無從明白。

其中一種，就是不存在於記憶中的幼年往事或體驗，或是因為某個理由而封印於心底深處的祕密。這些藏在潛意識中的事物，經常以夢境的形式出現。

還有另一種，就是經由探索自我內心，或是與他人溝通交流的過程之中，蛻變重生而出的「嶄新自我」。藉由累積各種經驗、突破自我的框架界限，對於事物的想法也會有所轉變。

就像這樣，以心理學的手法，不斷拓展自我的可能性，就能以「更棒的自己」為目標，持續地成長茁壯。

若能夠接受嶄新的自己，未來的可能性也會隨之擴大

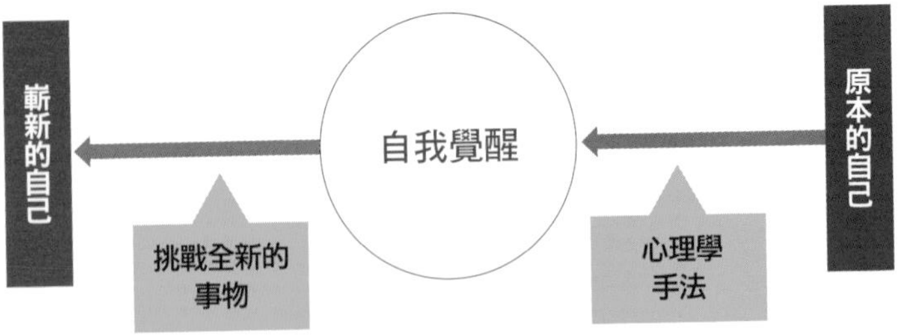

活用心理學，持續開拓自我

只要懂得覺察未知的自我，以此為基礎，進而一次次累積未曾經歷過的新經驗，這麼一來，又可以再進一步認識到不同的自己，以這樣的步調，就能夠持續開拓自身、不斷前進成長。

認知到在潛意識中束縛自我的枷鎖

在人類的性格和心底，有許多不為他人所知、自己也渾然不覺的隱密領域。例如，在經歷各式經驗的成長過程中，受到精神上的創傷（psychological trauma），不知不覺之中，這些深埋的心結阻礙了自身行動，使自己的未來可能性變得狹窄。只要學習心理學，就能夠解析這些束縛著自身的枷鎖從何而來。

總是往負面方向思考
▶P148

感覺不擅長與他們來往的人很多
▶P106

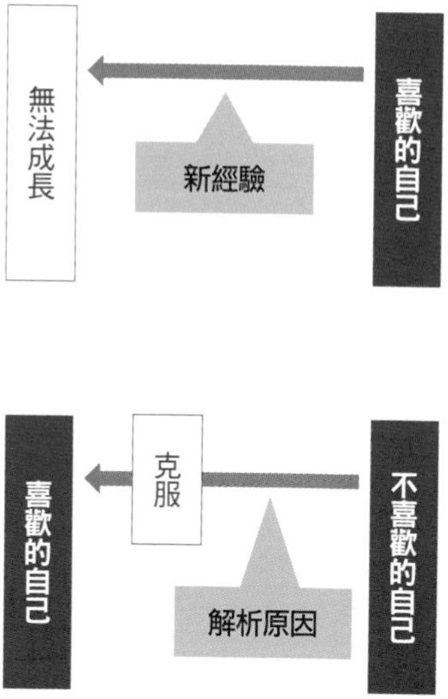

覺察到未知的自己，拓寬未來的可能性

藉由覺察到過去不知道的「未知自我」，就能夠自由地去挑戰新的領域，性格和思考方式也會隨之發生變化。舉例來說，即使面對一些不知為何就是不喜歡的事物，只要知道原因來自於幼年時的不愉快經驗，或許就可以幫助你克服排斥的情緒。在反覆經歷這些過程、持續累積新經驗之後，過去未知的嶄新自我面貌也會接連誕生。就像這樣，運用心理學手法，便能幫助自己開拓出更寬廣的人生。

了解自我心理學的效用……2～7
❶了解周圍的人是怎麼看待自己的！……2
❷了解過去不曾了解的自己！……4
❸了解自己和他人都未知的自我！……6
本書使用方式……14

PART 1 了解自己，使人生更愉快

了解自己，使人生更愉快……15～48
01 完全不了解自己 性格會表現於口頭禪或想法上……16
02 想知道自己擁有什麼樣的性格 從心理學的性格分類來看真正的性格……18
03 容易受到他人喜愛的性格是？ 最受歡迎的性格是「誠實又認真」與「理性又可靠」……20
04 成為「想成為的自己」之方法 在扮演的過程中，逐漸接近想成為的自己……22
05 容易以他人表情來做判斷 光看表情無法得知真正的心意……24
06 體型和性格是一致的？ 以體型來分類性格，使人際關係更圓滑……26
07 看到人潮就忍不住跟著排隊 排隊方式顯示出性格的差異……28
08 坐下的位置表現出真實心意 座位代表與對方的親密度……30
〔老大和老二，性格上有哪裡不同？〕……32
09 如果不跟上流行就覺得不安 追求一致性的壓力導致從眾行為……34

10 想改掉優柔寡斷的性格　以移轉自信法則建立魄力及膽量……36
11 就是會莫名地討厭某些人　先傳達正面的資訊，印象就會變好……38
12 討厭妒火攻心的自己　將嫉妒轉化成正向能量……40
13 急性子的人容易生病　尤其是喜歡工作、受到大家喜愛的「模範生」更要特別注意……42
14 容易相信血型分析或占卜　把自身情況套用在適用於所有人的籠統描述上……44
15 無法馬上投入讀書或工作中　建立習慣，一到特定的時間就開始工作……46

PART 2 變得喜歡自己的心理學……49～80

01 如何了解真正的自己？　不管是誰，心中都有一個「自己也不認識的自我」……50
02 容易因小事感到心浮氣躁　在現代社會中愈來愈受到重視的「壓力」是？……52
03 什麼是造成壓力的原因？　潛伏於日常周遭的壓力源……54
04 巧妙地與壓力和平相處　學會自我壓力管理的方法……56
〔應對壓力的策略（壓力因應）〕……58
05 對自己感到不滿　克服自卑感，提升自我……60
06 非常討厭自己！　無法積極主動，封閉在自己的保護殼中……62
07 外表不好看就得不到幸福？　無法逃離自卑情結的束縛……64
08 超喜歡名牌精品！　喜歡名牌也可能是一種沒有自信的表現……66

09 總是忍不住亂遷怒　把怒火發洩到不相關的人事物上……68
10 當挫折感持續累積……　巧妙紓解不滿足或受挫的情緒……70
〔從夢境中探索自己的真實心意〕……72
11 經常被認為是傲慢的人　無法打從心底尊重他人……74
12 想改變弱小的自己！　反覆以「啊哈體驗」建立起自信心……76
13 容易受到欺騙　總是陷入「很想相信對方」的心情……78

PART 3 改善人際關係的心理學……81～112

01 總是忍不住與他人一爭高下　「競爭心」也是一種成長動力……82
02 無法融入團體之中　與團體的規則或習慣合不來……84
〔保持良好人際關係的距離感是？〕……86
03 無法接受他人任性妄為的行動　正義感或歸屬意識很強烈……88
04 心中會期待他人的回報　感謝言詞、喜悅感、安心感也是一種豐厚的報酬……90
05 容易將問題歸咎於他人　總是將失敗的原因歸咎於自身之外……92
06 如何構築起良好的人際關係？　採取相對應於各式情況的言語或行動……94
07 想要與對方更加親近　藉由「自我揭露」技巧，縮短與對方的距離……96
〔以動作和表情傳達自身的情緒或情感〕……98
08 經常與別人點相同的菜色　第一個點菜的人屬於領導性格……100

咦!?
那樣不就是偷吃嗎？
我也這樣覺得，才想說問妳的意見啊……
結果，那是他妹妹的耳環啦

09 覺得「只有自己格格不入」 公眾自我意識和內在自我意識之間的差異矛盾……102
10 非常在意他人的評價 獨特的意見和見解，更容易獲得他人好評……104
11 感到不擅長與他們往來的人很多 積極主動搭話、多表達感謝和讚賞的話語……106
12 想知道自己是否受到他人喜愛 只要看動作，就能了解對方的心理……108
13 有時候會覺得自己被討厭 傲慢的人，容易以輕視性話語貶低他人……110

PART 4 從習慣和動作判別真實性格

從習慣和動作判別真實性格……113～144
01 不喜歡他人的言行舉止 總覺得周遭的人輕視著自己的存在……114
02 常被別人說打扮很華麗 以強勢的盔甲掩飾內在脆弱的自我？……116
03 從喜歡的顏色來了解性格 顏色與心理之間的深厚關係……118
04 你的睡姿是哪一種？ 從睡姿中顯現出的性格……120
〔從動作舉止中洩露出真實心意〕……122
05 不自覺地貶抑他人 潛藏於心底深處的，其實是天真無邪的「赤子之心」？……124
06 一不小心就逕自滔滔不絕 覺得「自己最棒」的自戀者和麻煩人物只是一線之隔……126
07 無法抑制怒氣 易怒性格是可以受到控制的……128
08 不自覺就幫自己找藉口 其實這也與個人的性格傾向有關係……130
09 回過神來才發現自己在自言自語 工作時不小心把心中的想法說出口……132
〔害怕與他人對到眼的視線恐怖症〕……134

10 對於「限定」或「折扣」等詞彙沒有抵抗力　錢包不知不覺就破洞了……136
11 無法收拾房間　不知不覺就變成「髒噁房」了……138
12 喜歡「極端」程度的乾淨　覺得別人「很髒」的心理……140
13 如何博得初次見面對象的喜愛？　表情、態度是最大關鍵……142

PART 5
克服煩惱和固執的心理學……145～170

01 不想去學校或公司　新生或社會新鮮人容易發作的「五月病」……146
02 總是往負面方向思考　把自己貼上「沒路用」的標籤……148
03 腦中無法擺脫工作的事情　工作成癮症患者甚至可能因此丟掉性命……150
04 無法停止賭博行為　賭博會使生活陷入全面崩潰……152
05 每天都要喝酒　忍不住就喝酒，酒精上癮的可能性很大！……154
〔即使再怎麼沮喪也能振作起來的方法〕……156
06 無止盡「想變瘦」的願望　愈纖瘦就代表愈美麗嗎？……158
07 如果沒有網路就覺得不安　終日沉溺於虛擬世界中……160
08 不管幾歲還是無法獨立　媽寶、爸寶的心理……162
09 什麼是男性化、女性化？　「少女心男子」和「男子漢女子」持續增加……164
10 不想變成大人　拒絕出社會的永恆少年……166
11 如何才能擁有一顆柔軟的心？　「自以為是」的強迫性思維導致思考僵化……168

PART 6 享受適合自己的戀愛的心理學

享受適合自己的戀愛的心理學……171～185
01 墜入情網那一瞬間的心理狀態是？ 激發戀愛情愫的機制……172
02 為什麼會喜歡上那個人呢？ 明明不是喜歡的類型卻愛上對方……174
〔使戀愛關係長久維繫下去的祕訣〕……176
03 無法抑制嫉妒心 太愛吃醋可能會導致戀情破局……178
04 無法忘掉已分手的前任 太過依賴對方或性愛也是可能的原因……180
〔想要了解喜歡的人的真實心意〕……182
05 該怎麼選擇合適的對象？ 談一場讓人生閃閃發亮的戀愛吧……184

了解你的心！ 心理測驗

1 挑選出你喜歡的圖形……48
2 排列出討厭的順序……80
3 在圖中畫上蝴蝶……112
4 你受歡迎嗎？……144
5 信箱中是誰寄來的信？……170
解說篇……186
索引……189

雖然很像朋友，但還是和他在一起最悠然自在呀……
很弱喔
怎麼會!?
再玩一局！

本書使用方式

本書彙整出各種生活中常見的情境漫畫劇及心理學知識。每篇主題都只有兩頁，可依照個人喜好的順序來閱讀。

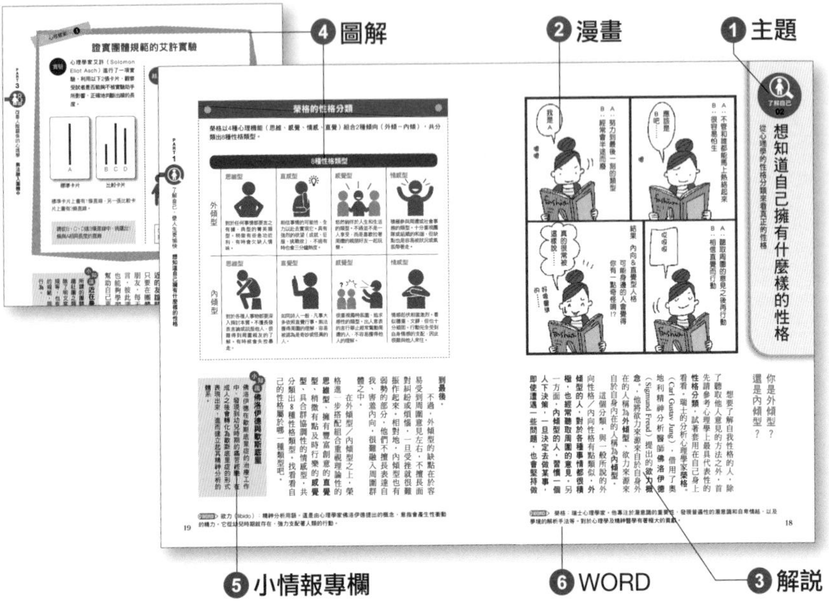

①主題

該篇的大主題。從在意的主題開始讀即可！

②漫畫

以漫畫介紹常見行為及心理。你說不定也會對某些情境心有戚戚焉!?

③解說

介紹與漫畫情境相關的心理學知識。

④圖解

透過視覺介紹該主題的關鍵內容。「心理檔案」會介紹實際有過的心理學實驗，同樣值得矚目！

⑤小情報專欄

想加深認識心理學的人，可在此找到大量補充資訊。

小知識：介紹補充資訊、相關心理學理論、與主題有關的小小素材。
用這招！心理技巧：講解該篇介紹的心理學該如何在日常中應用。

⑥WORD

統整重要關鍵字以及心理學用語。

PART 1

了解自己，使人生更愉快

你有多了解自己的事情呢？
想要變成的自己、無法理解的自己、厭惡的自己……。
雖說是自己，實際上卻有各種面貌，
就是此刻，出發踏上尋找自我的旅程吧！

了解自己 01

完全不了解自己

性格會表現於口頭禪或想法上

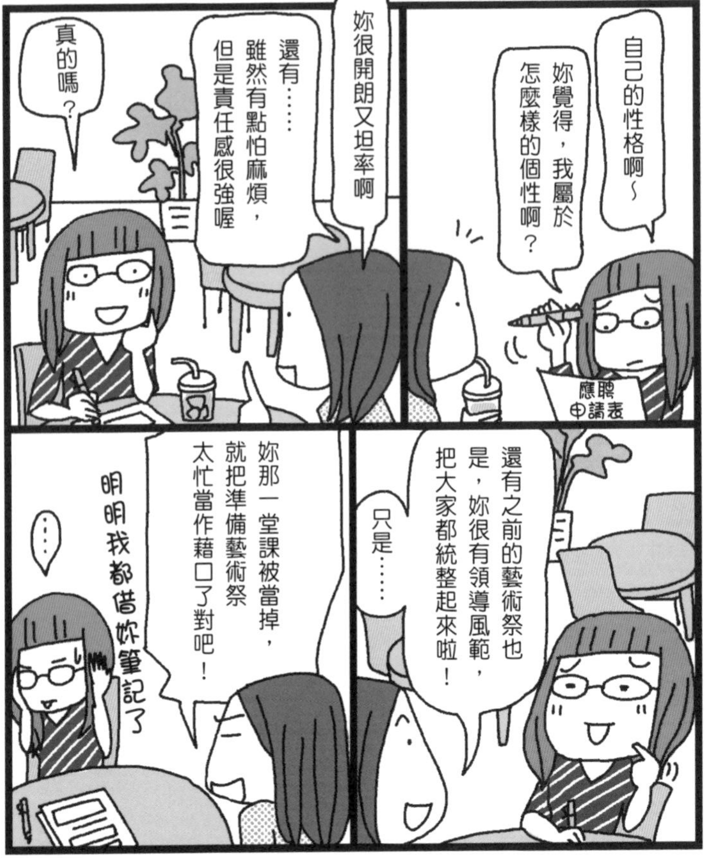

從如何看待自己的失敗，就能夠分辨出性格類型

自己的性格，應該自己最了解吧？雖然很多人這麼想，但實際上卻不見得如此。被周圍的人一語道破之後，才發覺「啊，原來我的個性是這樣呀」的情況其實也並不少見。

人的性格，會顯現於口頭禪或想法中。例如，當你和夥伴一起進行某事時，團隊不小心犯錯了，此時，你是怎麼想的呢？①「這都是我的責任」、「因為我能力不足所致」，一味地將問題歸咎在自己身上、責罰自己。②「這不是我的責任」、「都是因為那個人的指示錯誤」，習慣將問題歸咎在別人的身上。③「運氣真差啊」、「沒辦法避開失敗」，覺得並非人為因素導致，

WORD 自罰型：將失敗或錯誤的原因歸咎於自身，進而處罰自己。自認因失敗而給他人添麻煩、就結果而言使他人受到傷害等，為了減輕心中的罪惡感而處罰自己。

失敗或犯錯時會顯示出性格的差異

從面對失敗或犯錯的態度，就能推敲出自己的性格類型。

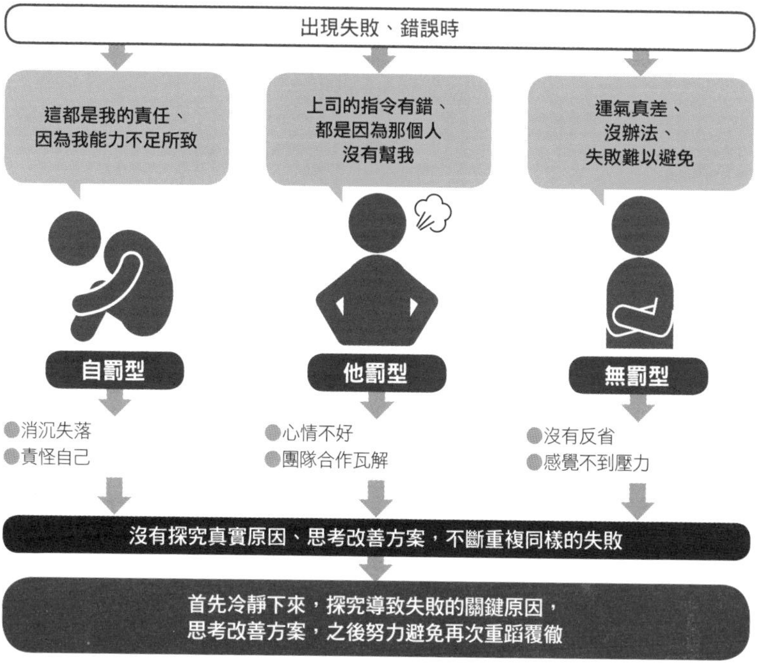

出現失敗、錯誤時
這都是我的責任、
因為我能力不足所致
上司的指令有錯、
都是因為那個人
沒有幫我
運氣真差、
沒辦法、
失敗難以避免
自罰型
他罰型
無罰型
●消沉失落
●責怪自己
●心情不好
●團隊合作瓦解
●沒有反省
●感覺不到壓力
沒有探究真實原因、思考改善方案，不斷重複同樣的失敗
首先冷靜下來，探究導致失敗的關鍵原因，
思考改善方案，之後努力避免再次重蹈覆徹

只是偶然之下的產物。

在心理學上，稱呼①類型為**自罰型**＊、②為**他罰型**＊、③為**無罰型**＊。這三種類型的身上都各有問題，尤其是自罰型性格者更需要特別注意。凡事一味責怪自己，陷入「自己一無是處」、「再活下去也沒什麼意義」的負面思考中，**很可能是因為憂鬱症發作所導致**。容易陷入自罰型情緒中的人，建議在責備自己之前，先放鬆全身的力量，讓自己冷靜下來。

小知識　自己處罰自己

一般人大多就像②或③的類型，不想自己一肩揹起失敗的責任，然而自罰情感強烈的人，反而更像是積極地把失敗責任攬在自己身上。這是因為藉由在精神上責備自己，能夠減輕他們心理上的負擔。

WORD 他罰型／無罰型：將失敗、錯誤或不幸歸咎於他人或周遭環境，不想背負責任的類型稱為「他罰型」；當欲望無法獲得滿足時，不會責備自己和他人，而是找個合乎邏輯的藉口來自圓其說，則是「無罰型」。

了解自己 02

想知道自己擁有什麼樣的性格

從心理學的性格分類來看真正的性格

A：不管和誰都能馬上熱絡起來
B：很容易怕生
應該是B吧……
嗯
A：努力到最後一刻的類型
B：經常會半途而廢
我是A
嗯嗯
A：聽取周圍的意見之後再行動
B：相信直覺而行動
絕對是B啊
結果 內向&直覺型人格
可能身邊的人會覺得你有一點奇怪唷!?
真的很常被這樣說……
好像蠻準的……

你是外傾型？還是內傾型？

想要了解自我性格的人，除了聽取他人意見的方法之外，首先請參考心理學上最具代表性的**性格分類**，試著套用在自己身上看看。瑞士的分析心理學家**榮格***（C.G. Jung），借用了奧地利精神分析醫師**佛洛伊德**（Sigmund Freud）提出的**欲力***概念，他將欲力來源來自於自身外在的人稱為**外傾型**、欲力來源來自於自身內在的人稱為**內傾型**。

這個分類，與一般所說的外向性格／內向性格有點類似，**外傾型的人，對於各種事情都很積極，也經常聽取周圍的意見。**另一方面，**內傾型的人，習慣一個人做決策，一旦決定去做某事，即使遭遇一些問題，也會堅持做**

WORD 榮格：瑞士心理學家。他專注於潛意識的重要性，發現普遍性的潛意識和自卑情結，以及夢境的解析手法等。對於心理學及精神醫學有著極大的貢獻。

榮格的性格分類

榮格以4種心理機能（思維、感覺、情感、直覺）組合2種傾向（外傾－內傾），共分類出8種性格類型。

8種性格類型

	思維型	直覺型	感覺型	情感型
外傾型	 對於任何事情都要言之有據，典型的菁英類型。稍微有些急功近利，有時會欠缺人情味。	 相信事情的可能性，全力以赴去實現它。具有強烈的欲望（成就、征服、挑戰欲），不過有時也會三分鐘熱度。	 悠然徜徉於人生和生活的類型。不過並不是一人享受，而是喜歡拉著周遭的親朋好友一起玩樂。	 積極參與周遭或社會事務的類型。十分重視團隊或組織的和諧，但缺點也是容易被狀況或氣氛帶著走。
內傾型	 對於各種人事物都要深入探討本質。不擅長發表言論或說服他人，很難得到周圍親友的了解。有時候會失控暴走。	 如同詩人一般，凡事大多依照直覺行事。無法獲得周圍的理解，容易被認為是奇妙或怪異的人。	 很重視獨特氛圍、追求感性的類型。出人意表的言行舉止經常驚動周遭的人，不容易獲得他人的理解。	 情感起伏相當激烈。看似穩重、文靜，但也十分頑固。行動完全受到自身情感的支配，因此很難與他人來往。

到最後。

不過，外傾型的缺點在於容易受到周圍意見左右，不擅長面對糾紛或煩惱，一旦受挫就很難振作起來。相對地，內傾型也有弱勢的部分，他們不擅長表達自我、害羞內向，很難融入周圍群體之中。

在外傾型／內傾型之上，榮格進一步搭配組合重視理論性的**思維型**、擁有豐富創意的**直覺型**、稍微有點及時行樂的**感覺型**、具合群協調性的**情感型**，共分類出8種性格類型。找看看自己的性格屬於哪一種類型吧。

小知識 **佛洛伊德與歇斯底里**

佛洛伊德在歇斯底里症的治療工作中，發現到幼兒時期的痛苦經驗，在成人之後會轉化為歇斯底里症的形式表現出來，進而建立起其精神分析的體系。

WORD 欲力（libido）：精神分析用語。這是由心理學家佛洛伊德提出的概念，意指會產生性衝動的精力。它從幼兒時期就存在，強力支配著人類的行動。

了解自己
03

容易受到他人喜愛的性格是？

最受歡迎的性格是「誠實又認真」與「理性又可靠」

受人喜愛的性格、受人厭惡的性格

自己是受到周圍的人喜歡，還是暗地裡被討厭呢？每個人喜歡的**性格***雖然因人而異，不過美國心理學家**安德森**（N. Anderson）的研究歸納出最廣泛受到喜愛的性格。他以100名學生作為受試對象，針對「喜歡的性格、不喜歡的性格」主題進行調查，問卷上列出555個描述性格表現的詞彙，請受試者給予評分，歸納出受歡迎的性格以及不受歡迎的性格。

受眾人喜愛的性格前幾名分別是**誠實又認真**、**耿直且值得信賴**、**理性又可靠**、**心胸開闊且思慮縝密**等；至於不受歡迎的性格，前幾名則是**愛說謊**、**下流**、

WORD 性格：每一個人的獨特行為特徵，具有穩定且一致性的傾向。「personality」此詞語源來自希臘文「persona」，代表「雕刻、刻印」，意指無法輕易改變、長時間持續的東西。

心理檔案 1

安德森的性格分類

實驗

安德森以100名學生作為受試對象，針對「喜歡的性格、不喜歡的性格」主題進行調查。在問卷上列出555個描述性格表現的詞彙，請受試者給予評分，篩選出受歡迎的性格以及不受歡迎的性格。

受人喜愛的性格	
01 誠實的人	06 能信賴的人
02 正直的人	07 理性的人
03 具同理心的人	08 可靠的人
04 忠誠的人	09 心胸開闊的人
05 耿直的人	10 思慮縝密的人

受人厭惡的性格	
01 愛說謊的人	06 無法信賴的人
02 裝模作樣者	07 不快樂的人
03 下流的人	08 壞心眼的人
04 殘爆粗虐的人	09 卑劣的人
05 不正直的人	10 騙子

結果

- 在「受人喜愛的性格」前十名中，「正直的人」、「忠誠的人」、「耿直的人」和「能信賴的人」可以歸結為「不會說謊的人」。
- 「具同理心的人」、「可靠的人」和「心胸開闊的人」可以歸結為「具有包容力的人」。
- 「理性的人」和「思慮縝密的人」可以歸結為「聰明的人」。

➡ **研究發現，無論男性或女性，都喜歡親近「不會說謊的人」、「具有包容力的人」和「聰明的人」。**

無法信賴、**殘爆粗虐**、**壞心眼**、**卑劣**等。應該許多人能夠認同前述的這項研究結果吧。

此外，從心理學的角度而言，不受歡迎的人通常是**不快樂***的人。正如德國詩人歌德所言的「人類最大的罪，就是不快樂」，情緒不佳的人通常會使周遭氣氛陷入低落不快。相反地，開朗的人能使周遭氣氛跟著愉悅明亮起來，在這樣的人身邊，自然會有許多親朋好友聚集一起。

小知識　為什麼人類會不快樂？

不快樂的理由，可以用「自我消耗」來解釋。對人類而言，自我克制某事物的力量是一種有限資源，因此若是在某領域自制的話，就很難同時在其他領域也做到自制，結果就會導致不快樂的情緒。例如人在減肥時變得焦躁易怒，也是同樣的理由。

WORD　不快樂：也有一說認為不快樂的人是因心理上渴求對方的同情或關愛，進而表現出的撒嬌情緒。不過，結果反而造成對方不愉快、招致反感的情況比較多。

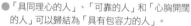

了解自己
04

成為「想成為的自己」之方法

在扮演的過程中，逐漸接近想成為的自己

認真扮演被賦予的角色，連精神層面也會發生變化

想要改變性格是一件困難的事，但並非不可能辦到。具體而言，假設你原本是屬於**悲觀性格**，希望自己能變得更加**樂觀性格**一些，這種情況下，你只需要扮演一個樂觀的自己，僅此而已。當然，並不是開始扮演後馬上就可以成為你想成為的那種人。但是，**人類在角色扮演過程中，會一步步逐漸接近想成為的自己**。

這個理論從美國心理學家**金巴多**（Philip Zimbardo）所進行的知名心理研究「**史丹佛監獄實驗**」中得到印證。在實驗中，將招募而來的一般男性受試者隨機區分成為「守衛」或「囚犯」的角色，大家共同模擬出一個監

WORD 角色：人相應於在社會或團體中所處的位置而採取的行動模式。例如「男子漢」或「小女人」等，許多是因循慣習或傳統而形成的。

使願望成真的「庫埃法則」

所謂的庫埃法則，是由知名的法國暗示心理學家艾彌爾．庫埃（Émile Coué）醫師所發現的法則。

庫埃法則

「當意志與想像一致時，其力量不是以加法計算，而是乘法。」

自己「想要做某事」的意志，若與實現某事的光景或想像一致時，實現的可能性就會隨之提高。

如果想成為樂觀的人……

❶抱持想成為樂觀的人的意志。

❷想像自己成為樂觀者之後的姿態。

同時進行❶和❷的話，實現目標的可能性就會驚人地提高。

獄，各自扮演相應的角色。實驗才開始沒多久，扮演守衛者就開始變得**傲慢**（▼P75），對於囚犯採取居高臨下的言行舉止。扮演囚犯者則顯得卑躬屈膝、討好守衛，甚至出現無力感。

也就是說，人類**即使面對的是被指派的角色***，**其精神層面也會在角色扮演的過程中逐漸產生變化**。從這樣看來，只要將自己想成為的人物性格具體描繪出來，持續扮演那個人，或許就能夠在相對較短的時間之內改變自我的性格。

小知識 自己做決定很重要

想要改變性格，最重要的是自己決定「想要變成什麼樣的自己」。人類雖然很容易自我暗示*，有時卻也會突然跳脫出來以疏遠的態度來看待自己。如果真的想改變性格，就要相信自己的意念，持續角色扮演下去吧。

WORD 自我暗示：自己反覆給予自己某個觀念或言語上的暗示，使得自身接受該觀念，並且依循該觀念或言語的意涵而採取行動。

容易以他人表情來做判斷

光看表情無法得知真正的心意

這個人的笑容真棒！
對呀，真不錯，去和對方相親看看吧。
相親當日
哇，你膚色曬得好黑喔，平時興趣是戶外運動嗎？
沒那回事啦。
棒球之類的？
嗯……對啊
哇啊——好厲害！
其實都是去追偶像，可是說不出口啊……

就算表情能夠假裝，手腳卻瞞不了人

人類可以藉由「**外表**」在某種程度上做出判斷，但如果只專注在**表情***上，忽視手腳動作或姿勢的話，就不容易看穿對方的真正心意，容易被矇混欺騙。

有個心理實驗拍攝抱持煩惱的人向鏡頭撒謊「我非常幸福」的畫面，而後製成三種影片①只有頸部以上、②只有頸部以下、③全身入鏡，播放給一般人看。

看到頸部以上畫面的人，感覺是「友善的」、「重情的」、「溫暖的」和「感受性豐富且情感纖細」等；看到頸部以下畫面的人，感受到「緊張的情緒」、「神經質」、「迷惘無措」、「有擔心的事物」等；看到全身畫面的人，感想則是「積極活躍、容

WORD 表情：隨著情感不同而表現於臉部表面的變化。人類臉部的表情肌肉十分發達，藉由肌肉的收縮，能夠創造出各式各樣的表情。

易改變心意」、「機靈敏捷」等。

也就是**能從影片中看穿說話者真實心意的，是只看到頸部以下畫面的人，其他人都被說話者的表情矇騙混淆了**。表情會表現出心理狀態或情緒，這是常識，正因如此，想要隱藏真心話的人就會以偽裝表情來矇混他人。

另一方面，針對手部或腿部的動作，我們大多無法兼顧到細緻的程度。因此，當你試圖看穿對方的真實心意時，**不要只關注臉上的表情，而是專注於觀察對方手腳的動作或姿勢吧**。

從身體動作來解讀對方的心情

只要仔細觀察身體動作或姿勢，就能夠在某種程度上解讀對方心中在思考的事情。

腿部打開和交叉的方式

1 雙腿大大打開

➡呈放鬆狀態，代表對你敞開心扉。

2 雙腿緊緊併攏

➡封閉自我，對你採取警戒或抗拒的態度。

3 女性在男性面前將雙腿交疊

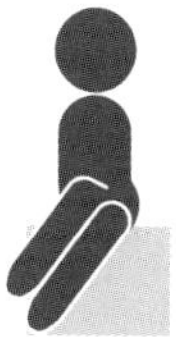

➡對你抱持著興趣（尤其是性方面的興趣）。

男女的動作

1 女性碰觸男性的身體

➡碰觸是一種身體語言，向對方傳達好感之意。

2 女性將桌子中央的杯子移到側邊

➡將兩人之間的障礙移開，顯示出親近的態度。

小知識　溝通的種類

溝通*可區分為以口頭語言來互動的「語言溝通」（verbal communication），以及不需要語言，而是以表情、姿勢或肢體動作來交流的「非語言溝通」（non-verbal communication）。

WORD　溝通：人類或動物之間所進行的意志、情感或思考的互動交流，能夠透過聲音、動作、手勢、文字或電氣訊號等方式來進行。

你這傢伙，又擅自偷穿我的T恤了？
是這樣嗎？
請息怒
哥哥你們稍微冷靜一下嘛
哼——！
平靜
是因為你都沒在看吧！
這件就自己出現在我的衣櫃裡啊～～
好了好了
為什麼三兄弟的個性差異這麼大？
明明成長環境是一樣的呢！

了解自己 06

體型和性格是一致的？

以體型來分類性格，使人際關係更圓滑

肥胖、細瘦、壯碩……，體型與性格的關係

「那個人體型寬厚，感覺很有包容力」、「看他長得瘦瘦的，想必很挑剔吧」，人們有時會像這樣藉由體型來判斷性格，不過無法斷言一定都是正確判斷。**克萊什默**＊提倡的**性格分類**，主張人類性格和體格之間具有一定的關聯性，主要區分為「**肥胖型**」、「**細瘦型**」、「**壯碩型**」這3個類型。

肥胖型具**躁鬱氣質**，大多性格外向、善於社交且親切。很有幽默感，相處起來令人感到輕鬆愉快，不過情緒變化大，有時候會突然陷入低潮憂鬱的狀態。

細瘦型（高瘦型）具**分裂氣質**，較文靜孤僻，經常封閉於自己的世界中。個性有點神經質、

WORD 恩斯特．克萊什默（Ernst Kretschmer）：德國醫學家、精神科醫師。研究關注人類的氣質和性格，列舉出豐富的事例，將人類區分為「肥胖型」、「細瘦型」、「壯碩型」這3個類型。

克萊什默的性格類型

克萊什默認為人的性格和體型之間有一定的關聯性，將體型與氣質連結起來，區分為3個類型（肥胖型、細瘦型、壯碩型）。

肥胖型　**細瘦型（瘦高型）**　**壯碩型**

躁鬱氣質（循環氣質）

開朗外向、善於社交且對人很親切。很有幽默感，相處起來很愉快的類型，但是情緒變化大，有時候會莫名陷入低潮。性格溫厚。

分裂氣質

較為文靜、穩重自律。經常會封閉於自己的世界中，較不具社交性。神經質、態度認真。有一派對於周圍的話語會馬上起反應，另一派則與周圍較為疏離。

黏著氣質

個性一絲不苟、韌性很強且頑固。認真，充滿正義感，但因為不懂得適時妥協，有時候不太好相處。情緒波動大，可能會突然生氣暴怒。

認真老實。有一派對於周圍的話語會馬上起反應，另一派則是對他人興趣缺缺、人際關係缺乏歸屬感的人。

壯碩型具**黏著氣質**。個性謹慎小心、韌性很強且頑固。正義感也很強烈，因此有許多堅持，有時會對他人的話語充耳不聞，對於看不慣的事物可能會突然生氣憤怒。

這些終歸只是一般性的言論，在某個程度上以體型來推敲自己和對方的性格，將優點發揚光大、改進或壓抑缺點，或許有助於減輕人際關係上的壓力。

小知識　瞭解自己性格上的傾向

即使覺得自己應該是了解自己真實的性格，但是實際上卻又不是那麼了解。不管是榮格的性格分類或是以體型來分類性格的方式，都能夠幫助你了解自身的性格傾向，給予你過去未曾注意到的「發現」。

了解自己
07

看到人潮就忍不住跟著排隊

排隊方式顯示出性格的差異

經常加入排隊的人，容易受到他人影響

走在城市街道或購物中心時，看到有人在排隊，你也曾經不知不覺就跟著排嗎？

如果你有過這類經驗，可以說是屬於**他人志向型***，此類型容易受到他人影響，未經深思就跟著排隊的情況並不少見。

排隊的方式，會顯示出性格的差異。在日本人中，最常見的就是**不出口抱怨、一直默默等待的類型**。由於吃苦耐勞的性格、情感不輕易外顯，要交心必須花上較長的時間。

在排隊等待時，會表現出焦躁情緒、抱怨不滿的類型則具有3種特質，能夠根據狀況採取積極應變的主動者、**親和需求***強

WORD 他人志向型：任何事情都無法以自己的判斷來做決策，依賴他人意見來行動的傾向十分強烈。經常採取從眾行為（去做與他人相同的行為▶P.34）。

從排隊方式看出性格差異

排隊時的言行舉止，顯示出一個人的真實性格。你是哪種類型呢？

1 在隊伍中不會抱怨，只是靜靜地持續等待下去

吃苦耐勞的性格，不輕易表現出情感。因為不會把心情或意見說出口，很難了解他的真實心意。

3 馬上移動到較短的隊伍、在不同行列中換來換去

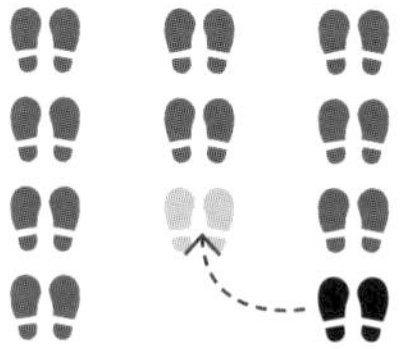

沒耐心、冒冒失失。只專注於眼前，不擅長往遠處看，樂於排隊一事也是。

2 排隊時焦躁不耐，容易抱怨發牢騷

ⓐ能夠根據狀況採取積極應變的主動者

與工作人員交涉，例如提早開店或增加窗口人員等，會採取一些行動以期減少等候時間。

ⓑ親和需求強烈，希望和周圍的人更加親近

只要能夠與周圍的人交流就會感到滿足。

ⓒ抗壓性較弱，忍受力較低的人

若人潮愈來愈多，可能會大聲斥責工作人員或引起騷動。

烈，希望藉由吐露心情和周圍的人更加親近的類型、第3種則是抗壓性較弱，忍受力較低的人。

　如果有好幾排隊伍，會馬上移動到較短的隊伍、在不同行列中換來換去的類型，屬於沒耐心、冒冒失失的個性。他們不擅長往遠處看，比較喜歡追求眼前短暫的快樂。

　推擠前方的人、擅自插隊的類型，則是**自我中心式**的霸道性格，強迫他人接受自己的主張或意見，很容易遭受到周圍的反感。

小知識　排隊方式顯示出文化差異

日前，曾有一張芬蘭公車站的照片蔚為話題。在照片中，排隊等公車的人之間各相距約1～2公尺遠，是非常寬鬆的隊伍。可見排隊方式也會顯示出各種文化上的差異。

WORD 親和需求：人類希望能夠與他人親近的需求。親和需求強烈的人，通電話或寫信的次數比較多。

了解自己 08

坐下的位置表現出真實心意

座位代表與對方的親密度

一定要趕上下午的會議……
喀噠
喀噠
坐中村的旁邊好了
在角落也不錯……
關於這個問題，大家有什麼意見？
我贊成A案，它能夠為公司帶來較大的益處。
我也得趕緊發言才行……
阿部，這也和你的案子有關，你也說看看你的意見吧！
啊，好……那個——就是說……

選擇座位也必須經過思考

在可以自由選擇座位的會議或是商談場合，挑選哪一個位子坐下，顯示出與出席者之間的親密度和自身性格。

假設，當你進入一個房間，在方形長桌旁已經有人坐在某個座位上了。此時的你，相對於那個人，會選擇哪個位子坐下呢？

如果是挑選呈90度角的位置坐下，代表你的心中對對方抱持著好感。這是一個方便聊聊真心話、傾聽對方意見的位置關係。

若是選擇坐在對方旁邊的話，代表與對方的**親密度***較高、想協助對方，或是希望與對方親近等。

此外，如果是在正式的商談場合，若是選擇隔著桌子、坐在

WORD 親密度：代表自己與他人之間人際關係強度的詞彙。一般而言，親密度較強的話，接觸時間和頻率、共同行動的時間會變得比較多。

從選擇座位的方式來看心理狀態

挑選哪一個位置坐下，顯示出與對方的親密度或是態度。

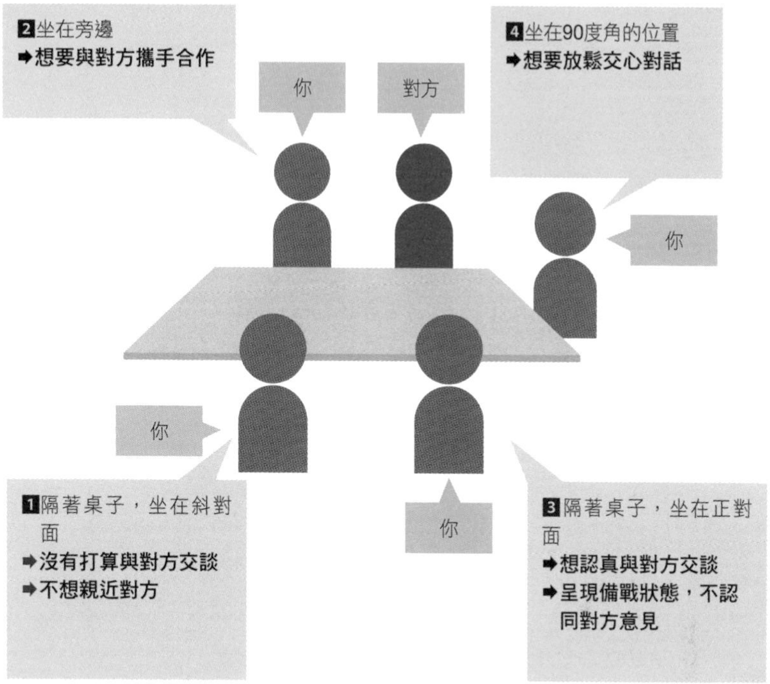

2坐在旁邊
➡想要與對方攜手合作
你
對方
4坐在90度角的位置
➡想要放鬆交心對話
你
你
你
1隔著桌子，坐在斜對面
➡沒有打算與對方交談
➡不想親近對方
3隔著桌子，坐在正對面
➡想認真與對方交談
➡呈現備戰狀態，不認同對方意見

對方正對面的座位，代表希望好好與對方詳談，但是彼此落入相互爭執的可能性也很高。

還有，選擇隔著桌子、坐在對方的斜對面，與對方的距離遙遠，顯示出你並不想和對方擁有親密的**人際關係***。

如前文所述，從座位的挑選就能看出與對方的關係。**只要加以活用，或許就能夠將會議或商談帶往有利於自己的方向也說不定**。

小知識 座位挑選反映出深層心理

選擇座位的方式反映出一個人的真實心意。假設你是最早到達的人，只要觀察對方選擇什麼位置坐下，就能想像出他的性格以及他期望與你建立起何種關係。在聚餐場合或會議上多觀察看看吧。

WORD 人際關係：人與人在社會或團體之中的相互關係。在心理學上，代表著個人與個人之間的相互關係，同時包含心理層面和情感層面。

老大和老二，性格上有哪裡不同？

一般而言，手足中的長男、長女和次男、次女，在性格類型上被認為是有差異的。實際上又是如何呢？

● 排行老大的人是這種個性

話比較少，重視人際關係。在對話中屬於傾聽的一方，大多會盡量避免爭執或是麻煩的事情，即使有想要的東西也比較會自我克制欲望。可說是較為忍耐、自制的性格。

老大性格和老二性格的差異

日本東京都立大學的名譽教授託摩武俊以兄弟之間的性格差異為主題進行調查研究。針對兄、姊、弟、妹分別所屬的100項性格特徵，從中挑選出各自非常認同及無法認同的項目，從第1位至第10位依序排列如下表。

老大的性格特徵

老大

兄

非常認同的特徵	無法認同的特徵
1.責任感很強	怕吃虧
2.懶散	輕浮嬉鬧
3.寬容	嘮叨多話
4.指導性	衝動
5.慷慨大方	輕率隨便
6.深思熟慮	恃寵而驕
7.擺架子	愛說謊
8.神經質	容易嫉妒
9.話少	反抗傾向
10.意志力強	沒規矩

姊

非常認同的特徵	無法認同的特徵
1.文靜	開放
2.溫暖	喜歡冒險
3.體貼他人	輕率隨便
4.溫柔	懶散
5.自律	粗野
6.穩重	三分鐘熱度
7.愛管閒事	恃寵而驕
8.親切	活潑
9.溫和	怕吃虧
10.慎重	粗枝大葉

老二的性格特徵

老二

弟

非常認同的特徵	無法認同的特徵
1. 喜歡冒險	文靜
2. 反抗傾向	穩重
3. 活潑	傷感
4. 任性	慎重
5. 冒失莽撞	細膩
6. 開放	溫柔
7. 粗野	慷慨大方
8. 衝動	深思熟慮
9. 輕率隨便	敏感
10. 固執	冷淡

妹

非常認同的特徵	無法認同的特徵
1. 恃寵而驕	穩重
2. 輕浮嬉鬧	責任感很強
3. 怕吃虧	深思熟慮
4. 任性	死心眼
5. 活潑	指導性
6. 容易嫉妒	陰險
7. 多話聒噪	寬容
8. 早熟	勤勉
9. 開朗	慷慨大方
10. 樂天	頭腦清楚

● 排行老二的人是這種個性

聒噪話多，被稱讚時就會立刻得意忘形，相反地，一被斥責馬上就變得消沉低落。很會撒嬌，有時會太過於堅持己見而顯得頑固。可說是較為奔放、依賴的性格。

老大性格者不必多慮，直率地提出自己的意見或願望；老二性格者只要學習多體貼周遭一些，在人際關係上應該會更加順利愉悅。

老么是哪一類性格呢？

如果兄弟姐妹共3人以上，除了老大性格和老二性格之外，還有一種老么性格的存在。不過，現代家庭大多為2人手足，老么性格已逐漸被併入老二性格之中來討論。

了解自己
09

如果不跟上流行就覺得不安

追求一致性的壓力導致從眾行為

這個新髮型，現在超流行的！
好可愛——♡
妳身上這件洋裝也好可愛！
雜誌上有介紹呢！
謝謝
包包也好可愛喔～～
聽說這種款式從這陣子開始就會變熱門唷
GELATO
SPECIAL
咦？
話說回來，妳不是討厭吃甜食嗎？
才沒這回事呢！
真美味——♪

跟隨流行就是一種從眾行為

假設妳經常購買當季流行的服飾、流連於時髦的話題店家等，那就可說是容易受到他人影響的**他人志向型**（▼P 28）。

所謂的他人志向型，是指平時就對電視或網路上的資訊、周圍的言論抱持著強烈關心，並且會留意多數派的意見或想法、持續追隨流行趨勢的性格特質。

例如「不想跟不上流行」、「不想標新立異」或「希望和大家做相同的事情」等這些下意識的心理狀態稱為**追求一致性的壓力**，就會帶來採取**從眾行為**＊的效果。採取從眾行為的人會隱藏自身的意見或喜好，配合多數派的意見或行動，只要和大家做出

WORD 從眾行為：扭曲自己的信念、意見或需求，去配合多數派的意見或行動。這是一種為了避免被多數批評或攻擊的自我防禦行動。

從眾行為的3種類型

心理學家凱爾曼（H. C. Kelman）根據表現從眾行為時的心理狀態，分類出以下3種形式。

屈從式從眾　**內化式從眾**　**一致性從眾**

您說的對
我不這麼認為……
您說的對
原來如此！贊同！
您說的對
既然大家都這樣說

屈從式從眾：由於希望受到他人的喜歡或認可，或是為了避免被他人討厭，即使內心對於該意見抱持疑問，但是在表面上也會表現出贊同的行為。這也可說是一種為了得到社會性報酬的手段。

內化式從眾：先詢問他人的意見或判斷，在自身思考過之後覺得認同進而採取從眾行為。將對方意見吸收並納入內心的價值體系之中，把自身意見改變成與對方完全相同的意見，可說是打從心底認同對方。

一致性從眾：當與憧憬的人或喜愛的團體在一起時，會遵循他人所做出的判斷或態度。彼此互動時，會表達出附和對方心意的意見。此時，自身內心也會認定對方意見就是正確的，進而採取一致性的行動。

同樣的行為，就不會成為多數派的批判目標了。

流行和排隊之所以吸睛，除了容易聚集他人志向型的人之外，追求一致性的壓力也會促使與人們採取相同的行動，當人群聚集起來之後，**群體心理**＊也隨之開始運作。如果自覺是容易被流行或排隊洗腦而散財的人，不妨先拉開一段距離，待腦袋冷靜下來之後，再好好思考是否要購買該商品。

小知識　排隊就像祭典一樣

當人群大量聚集時，與祭典相同的群體心理就會開始作用。此時，人會變得衝動，判斷力和理性下降，容易與他人採取相同的行動。由於是與他人一致的行為，造成事故的危險性也會提高。

WORD 群體心理：出現於群體之中的一種特殊心理狀態，因而做出興奮、忘我、衝動性或非邏輯性的行動。由於此時人們的判斷力低落，通常都會受到極大的影響。

了解自己
10

想改掉優柔寡斷的性格

以移轉自信法則建立魄力及膽量

為了不讓人生或生活白白虛度

明明某件事必須早點下決定，但卻一直躊躇不前，時間過了還是難以決斷，你也有過這種經驗嗎？第一時間就能俐落做出判斷的人並不多見，人們也可能因為太年輕或經驗不足而**優柔寡斷***，確實是無可奈何的事。

只是，有時候在延後做出結論的過程中，各種條件會逐漸惡化，最後不管你做出什麼決定，結果都無法得到什麼好結局。為了避免讓人生或生活白白虛度甚至是受到損害，建議最好還是豪爽地下決斷。

「就這樣吧！」如果想像這樣以果決的態度做出結論，你必須擁有魄力。想要擁有**魄力**，你**可以嘗試去做自己擅長的事情，**

WORD 優柔寡斷：明明必須儘快對某事下決定，但是卻遲遲無法得出結論。害怕做決定的「怯懦」、恐懼改變的「不安」或是擔心資訊不足無法下正確判斷的「完美主義」等，都是導致猶豫不決的原因。

移轉自信法則

優柔寡斷通常都是由於經驗不足所造成，那麼就以反覆多次的成功經驗來建立起自信心吧。這麼一來，就能慢慢克服優柔寡斷的問題。

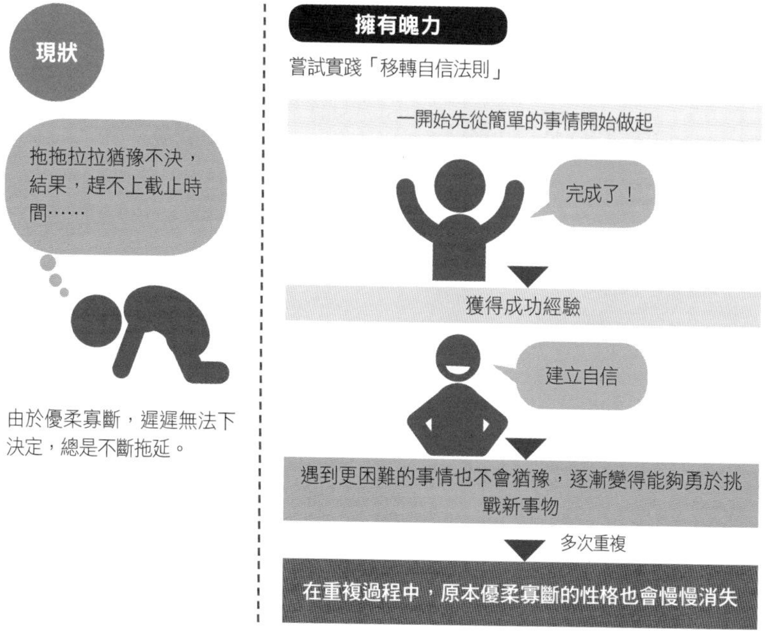
現狀
拖拖拉拉猶豫不決，結果，趕不上截止時間……
由於優柔寡斷，遲遲無法下決定，總是不斷拖延。
擁有魄力
嘗試實踐「移轉自信法則」
一開始先從簡單的事情開始做起
完成了！
獲得成功經驗
建立自信
遇到更困難的事情也不會猶豫，逐漸變得能夠勇於挑戰新事物
多次重複
在重複過程中，原本優柔寡斷的性格也會慢慢消失

以那份自信作為墊腳石，幫助你跳得更高、更遠。

這個方法，稱為**移轉自信法則**。換句話說，就是首先在自己擅長的領域中累積許多**成功經驗***，建立起自信心，接著再去挑戰下一階段的事物。不管是什麼難度的挑戰、無論是如何微不足道的事情，只要一次次積累成功經驗之後，過去自認一定辦不到的事情，現在會覺得自己似乎也能夠辦得到，這是因為你已經擁有了向前多踏出一步的勇氣。

小知識 從簡單的問題開始著手

在考試時，不要一開始就選擇困難的題目，而是先從簡單的題目開始，就能建立起答題的自信心及順暢感。在工作時或生活中也是如此，先從簡單的事情做起，等到擁有自信之後，再挑戰困難的事情即可。

WORD 成功經驗：在成功挑戰某事之後，獲得成就感及充實感的經驗。心中會充滿「受到周圍的人認可，真開心啊」的心情。

了解自己 11

就是會莫名地討厭某些人

先傳達正面的資訊，印象就會變好

我真的沒辦法喜歡她耶
妳說莉香嗎？她那麼討厭喔？
嗯
因為她每次都很吵啊
是沒錯啦
但是，她待人很體貼喔！
有時還會因為太小心翼翼，反而有點做白工的感覺呢！
這樣啊……
哇
哇

以先入為主的成見來判斷喜惡

不管是誰，心中應該都會有一、二個不喜歡的人。但是，明明幾乎不了解對方的事，卻刻意疏遠對方，或許言之過早也說不定。沒有與對方談論過什麼話題，心中卻忍不住討厭對方，通常都是因為以先入為主的**成見**＊來判斷，或是受到第三方傳遞的資訊所左右的關係。

美國心理學家**阿希**（Solomon E. Asch）的研究發現，即使是同一個人，只要將介紹詞彙在順序上做出變化，給人的印象也會隨之改變。介紹者以「正向表現（有智慧）」→「負面表現（頑固）」的順序來說明時，會給人討喜的印象；若是以「負面表現（頑固）」→「正向表現（有智

WORD 成見：先入為主而抱持的固定印象或觀念。成見的存在會妨礙人的自由思考能力。

最初的情報決定給人何種印象

阿希的心理實驗證明，介紹人物時的詞彙順序不同，就會改變給人的印象。

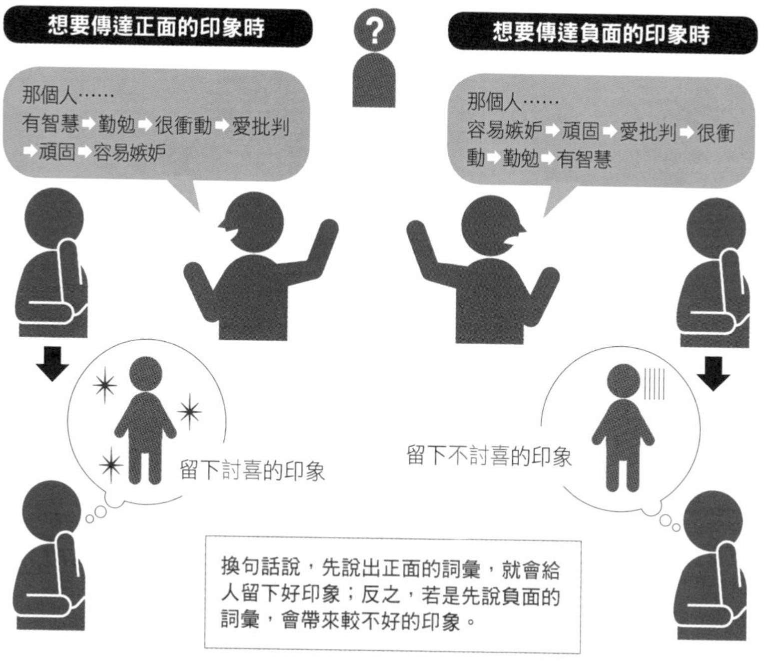
想要傳達正面的印象時
那個人……
有智慧➡勤勉➡很衝動➡愛批判➡頑固➡容易嫉妒
留下討喜的印象
想要傳達負面的印象時
那個人……
容易嫉妒➡頑固➡愛批判➡很衝動➡勤勉➡有智慧
留下不討喜的印象

換句話說，先說出正面的詞彙，就會給人留下好印象；反之，若是先說負面的詞彙，會帶來較不好的印象。

慧）」的順序來說明時，則給人相反的印象。

因此，當你討厭某個人時，或許是因為成見或第三方傳達的情報所導致。當你抱持著成見，在與對方接觸的過程中，由於受到**確認偏誤**＊的影響，往往只會一直看到對方的負面缺點。不妨先把既有的成見和他人資訊丟到腦後，實際觀察對方的話語、表情、動作或形象等，建立起對這個人的認識，或許能夠拓展出新的人際關係也說不定喔。

用這招！心理技巧……

拋棄成見、真誠對話

對於莫名覺得不喜歡的人，也請嘗試和對方多聊一聊吧。或許你們意外地擁有相同興趣、成為彼此生命中無可取代的重要人物，或是可能帶來某種利益也說不定。

WORD 確認偏誤（confirmation bias）：人在心中抱持著成見時，就會選擇性地蒐集情報、帶有偏見來解讀情況，導致評價對方時有所偏失，無法做出正確的判斷。

了解自己 12

討厭妒火攻心的自己

將嫉妒轉化成正向能量

將嫉妒心巧妙轉化為上進心

對某些人事物會感到**嫉妒**＊，只要是人類，就難以避免這種情緒出現。嫉妒朋友出色的外貌或能力，或是羨慕競爭對手的成功等，自出生之後從未有過嫉妒情緒的人，應該不存在吧。

一般認為，人類的嫉妒情緒，大約是在出生後的18個月左右出現。備受父母寵愛的第一個小孩，在感覺到「父母或身邊的人的寵愛關係受到威脅時」，會產生出強烈的嫉妒心，嫉妒對象大多是自己的弟弟或妹妹。由於擔心父母的愛被奪走而覺得不安，就會偷捏弟弟或妹妹的臉頰、打他們的頭。

感到嫉妒時，**若想將自己提**

WORD 嫉妒：對於比自己優秀或是受到他人寵愛的某人，心中感到羨慕或不是滋味的情緒。

嫉妒和占有欲

所謂嫉妒，經常會連結到對於某個人或事物的占有欲。嫉妒和占有欲有一些負面弊害，不只限制了自己，也會束縛住對方的言行舉止。

嫉妒

原本認為是自己所有物的東西或疼愛卻被他人奪走時，對於自身以外的人產生的負面情感。

占有欲

想將某物品或疼愛據為己有。占有欲愈強的人，愈容易出現嫉妒情緒。

占有欲的弊害

- 為了與對方緊密關連，容易對對方言聽計從。
- 由於束縛對方的行動，導致對方不愉快，最終有可能走上關係決裂的結局。

抑制占有欲、排解嫉妒情緒的方法

● 將你針對對方而採取的行動，具體地寫在紙上。

↓

● 確認哪些行為曾經造成反效果。

↓

● 回想那些行為造成了什麼樣的結果。

↓

● 自己告訴自己，以後不要再做這些行為。

升到比對方還高的位置並沒有關係，差勁的是，企圖將對方推落到比自己還糟糕的困境而出現各種負面行為。在暗地裡說對方的壞話、扯後腿，一旦事跡敗露之後，將會導致人際關係惡化，對於對方或自己都沒有任何益處。

有時候，人們會對於無法抑制嫉妒情緒的自己感到生氣，陷入**自我厭惡***的狀況中。被嫉妒心沖昏頭時，最重要的是轉念為「不想輸給那個人」的正向心情，將嫉妒轉化成促使自身上進的正能量。

小知識　烤年糕

在日本諺語中，有一句話說「烤年糕不要烤到手」（焼きもち焼くとて手を焼くな）。年糕烤過頭時會燙到自己的手，意思是說吃醋過頭的話反而會惹禍上身。把嫉妒或吃醋的心情轉化成促進自己成長的正能量吧。

WORD　自我厭惡：陷入自己討厭自己的狀態。遭遇某些失敗時，或是負面情緒出現的時候，會從心裡湧現出厭惡自己的心情。

了解自己
13

急性子的人容易生病

尤其是喜歡工作、受到大家喜愛的「模範生」更要特別注意

捷運竟然慢了2分鐘，給我開快一點啊……
田中先生，有你的電話
啊——我接，我接！
最近田中的性子，是不是變得愈來愈急躁啊？
真的，比之前還嚴重，不要緊吧？
是、是
是、是
隔天
我發燒了，可以請假一天嗎……
好，多保重啊
今天田中請假喔
果然……

潛伏於行動模式中的壓力源

並非處於緊急情況時，遇上了紅燈，此時的你是感到焦躁不耐煩？抑或是平靜地等待紅燈變綠燈？前者屬於急性子，後者可說是悠閒的慢郎中。

根據美國醫學家**弗雷德曼**（M. Friedman）和**羅森曼**（R. H. Rosenman）將個性急躁的人稱為**A型性格**。這類型的人企圖心很強、力求上進，對於周遭的一切事物經常感到不滿或焦躁。熱衷於工作，忽略累積於身心的疲勞或壓力，會持續工作到自己的極限狀態。

另一方面，個性悠閒、步調緩慢的人則屬於**B型性格**。依循自身的節奏做事、溫吞厚道，不擅長競爭，相對承受較少的**壓力**

WORD 壓力：人類為了適應施加於身心上的外來刺激（壓力源）時，心理或生理出現的各式防禦反應。這些反應可區分為3種類型：心理層面、生理層面和行動層面。

3種性格與壓力的關係

根據容不容易蓄積壓力的狀況來進行性格分類，可分為下列三大類型。屬於A型和C型的人應該採取對應的減壓措施。

A型性格

- 強烈希望達成目標
- 不想輸給別人
- 很有企圖心
- 總是覺得時間不夠用
- 急性子、容易焦躁不安
- 很在乎他人的評價
- 說話急促、步伐緊湊、吃飯很快
- 將焦躁情緒表現於態度或言詞上

B型性格

- 不會整日埋頭於工作中
- 重視家人或興趣等私人生活
- 擁有自己的節奏、態度悠閒
- 不在意他人的評價
- 不喜歡競爭
- 不會被失敗牽著走
- 樂觀

C型性格

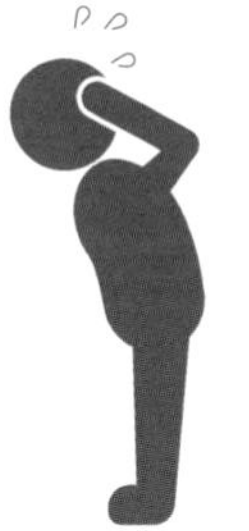

- 傾向優先處理別人的事情
- 不會表現出負面情感
- 認真、一板一眼
- 少有自我主張
- 對周圍察言觀色
- 經常被身邊的人說是「好人」
- 忍耐力很強

＊。研究報告指出，若將A、B兩者相比較，**A型性格者罹患心臟疾病或高血壓的危險性，是B型性格者的2倍以上。**

此外，美國心理學家提摩蕭（Lydia Temoshok）發現了「容易罹患癌症的性格」，即**C型性格**。過於察言觀色、忍耐力極高，長期下來易造成壓力累積。

如果你也屬於易受壓力影響的A型性格或C型性格，記得多提醒自己要定期**紓解壓力**（▼P.58）。檢視自身性格，**找出成為壓力源的行為，有意識地減少這些行為**非常重要。

小知識　日本人多屬於協調型的A型性格

雖然日本人大多屬於A型性格，不過其中的最大特徵「競爭心」卻是相對低落。在國際競爭日益激烈的今日，除了健康考量之外，日本人也依然重視追求和諧的日式文化。

了解自己
14

容易相信血型分析或占卜

把自身情況套用在適用於所有人的籠統描述上

血型、星座占卜並沒有明確的根據

看到晨間新聞或節目上介紹的「今日運勢」時，你也曾經對自己運勢不佳而感到失望嗎？其中，由於「占卜結果最差，今日可能會事事不順喔」而意志消沉的人也不在少數。

容易相信血型或星座占卜的人，特徵在於容易將適用於所有人的籠統描述套用在自己身上，例如看到「大膽，但也有纖細的部分」、「身上還有許多未被開發的才能」等形容時，就會覺得那是特別為自己量身打造的人格描述。這就是所謂的**巴納姆效應**（Barnum effect），是由美國心理學家**保羅．米爾**（Paul Meehl）為表示對娛樂大亨**費尼爾司．泰**

WORD 費尼爾司．泰勒．巴納姆（Phineas Taylor Barnum）：美國知名娛樂大亨，因經營展覽館、馬戲團和博物館而著名。利用巴納姆效應舉辦雜耍演出，創造出獨特的娛樂風潮。

心理檔案 ❷

驗證巴納姆效應的實驗

實驗　1948年心理學家佛瑞（Bertram R. Forer）進行一項測驗，他讓學生閱讀星座占卜書中經常出現的性格分析文，請學生判斷該描述是否符合自身情況，並給予0分（完全不相符）～5分（非常相符）的評分。

- 你渴望受到他人喜愛、獲得讚賞，同時容易對自己吹毛求疵。
- 你擁有許多尚未被開發的強大潛能。
- 外表看似強硬、嚴格自律，但是內在卻有著容易不安與憂慮的傾向。
- 你的性格外向、善解人意、充滿社交性，但同時也具有內向、小心謹慎的面貌。

完全說中我的狀況
我也是

結果　平均分數為4.26。大部分學生都認為該性格分析文「相當符合自身的人格特質」。

好像是在說我的事情
嗯啊

勒．巴納姆*的敬意而命名。

話說回來，各種血型、星座或生日占卜等，原本就缺乏明確的科學根據。若是作為休閒娛樂之用當然沒什麼問題，但如果心中抱持偏見或成見，例如「那個人血型是B型，一定很隨便草率」，或是「今天運勢不好，把約會取消吧」，行動或決策受到占卜結果左右，那就本末倒置了。如果真的很容易受影響，就「不要看占卜單元」，斷絕相關的情報來源也是一個方法。

小知識　血型或星座等占卜的問題點

血型或星座等占卜的問題點在於，將具有某種特徵的人一概而論成某種既定的刻板印象*。抱持著刻板印象來看待事情，容易產生偏見或先入為主的成見，必須多加注意。

WORD　刻板印象：對於某個現象，在一個團體內廣泛共有的成見或既有觀念等，是一種被簡化為類型或老套俗見的印象。

了解自己 15

無法馬上投入讀書或工作中

建立習慣，一到特定的時間就開始工作

等到30分再開始讀書……
看來今晚要通宵了……那等12點再開始讀吧
啊——好想睡……先睡個10分鐘好了
隔天
嗚啊啊啊
明明是模擬考，我卻什麼都沒念！

建立習慣，強化成就動機

明明考試日期已逼近，卻怎麼也無法提起勁去讀書；明天就是提出企畫書的截止期限，卻忍不住去做其他事情，遲遲無法開始著手寫企畫。如果你的生活中經常出現這些情況，那你就是屬於**成就動機***低落的人。

所謂的成就動機，是指想要盡早完成任務或目標的心情或動力。成就動機強烈的人，被賦予任務或目標時，會盡量及早開始著手進行；另外一種人則是找一大堆理由，不管過了多久就是無法開始做正事。

為了改正這樣的**習慣***，必須強化自身的成就動機。方法之一，就是**建立起任何事情都立刻開始做的行為模式**。如果抱持著

WORD 成就動機：設定高遠的目標，不輸給障礙，為了實現目標而努力的驅動力。

強化成就動機的方法

強化成就動機的方法，可分為「賦予內發性動機」和「賦予外發性動機」。

賦予內發性動機

從自身內心來強化成就動機的方法。具體而言，有以下兩種做法。

1 將目標明確化

例如大學入學考試，就將想去哪個大學、去大學之後想要做哪些事情具體地羅列出來。只要將目標明確化，想要實現目標的心情會強化成就動機。

合格

2 為了達成終極目標，先設定小目標

例如考試複習準備，就先設定小目標，規畫出哪一天（幾點）要讀完什麼範圍。當日期（時間）逐漸逼近，自己卻未完成設定目標時，內心會感到焦慮，因而不得不開始讀書。一旦開始並持續下去，內心的痛苦就會消失。

賦予外發性動機

指的是義務、賞罰、強制等，藉由自身以外的刺激來強化成就動機的方法。例如大學入學考試，以「合格的話，就買〇〇〇給你」等獎賞作為胡蘿蔔，或是施以「今年再不合格的話，以後的生活自己看著辦」等壓力作為棍子，強化當事人的成就動機。

合格的話，
就買車給你

「先喝杯茶」、「先打一下電動」的想法，時間一溜煙就過去了。就連一個呼吸的時間也不浪費，先從簡單的地方做起也可以，反正去做就對了。

還有一個方法，**將每日讀書時間確定下來，養成習慣，只要時間一到就半自動性地坐到書桌前**。歷史學家湯恩比（Arnold J. Toynbee）即使高齡，依然遵循著每日早晨9點坐在書桌前的習慣。一旦坐在書桌前，就不得不開始讀書或工作，效果十分顯著。

小知識　不管如何，立刻去做就對了

一開始，先把「立刻去做」這個行動本身設定為目標。不管是什麼樣的事情，只要立刻去做就算達成目標，因此好好地給自己一番獎勵吧。重複多次成習慣之後，立刻去做某事就成為一件輕鬆的事情了。

WORD 習慣：由於長期反覆進行而變成固定模式的行為。癖習。

挑選出你喜歡的圖形

Q 從以下5個圖形中，依直覺挑選出「就是它！」的形狀。

❶ Z型

❷ 正方形

❸ 三角形

❹ 圓形

❺ 長方形

解說➡P186

PART 2

變得喜歡自己的心理學

你討厭自己嗎？
你是否容易因為一些小事情就焦慮煩躁，
甚至遷怒到別人身上？
在本章中，引領你以客觀角度來凝視自己，
分享如何變得喜歡自己的祕訣。

喜歡自己 01

如何了解真正的自己？

不管是誰，心中都有一個「自己也不認識的自我」

一個人跑來參加活動……還是放棄然後離開比較好吧？
咦？
那個人也是一個人嗎……
那個
妳是一個人嗎？
是啊……
無論如何都想參加這活動。
方便的話，我們一起去看旁邊的舞台表演好嗎？
謝謝妳主動找我說話，
個性好大方喔。
哪裡、哪裡 別這麼說
大膽開口真是太好了。

敞開心胸，發現未知的自己

我們經常認為自己是最了解自己的人，但其實這是一個誤解。不管是誰，內在都有一個「不認識的自己」沉睡於心底深處。左頁的圖稱為**喬哈里窗**＊，這是一個在心理學上常用來幫助了解自我的模型。根據這個模型，**自我**（自己本身）是由以下這4個窗戶（領域）組合而成。

① **開放領域**＝自己和別人都知道。

② **祕密領域**＝只有自己知道。

③ **盲點領域**＝只有別人知道。

④ **未知領域**＝自己和別人都不知道。

若想要了解「未知的自我」，唯一的方法就是盡量縮小自己不知

WORD 喬哈里窗（Johari Window）：由美國心理學家喬瑟夫・勒夫（Joseph Luft）和哈里・英格拉姆（Harry Ingram）所提出的概念，因此以他們的名字合併命名。想要了解自我、為人際關係感到煩惱等情況時所使用的分析模型。

表示人心4個領域的喬哈里窗

利用喬哈里窗，幫助你以客觀角度來解析自我。

	自己知道	自己沒發覺
周圍的人知道	① **開放之窗** 不僅自己了解，對他人也呈現開放的部分自我。	③ **盲點之窗** 他人眼中的自己。如果別人沒提醒，自己不會發覺到這部分的自我。
周圍的人不知道	② **祕密之窗** 只有自己知道，對他人保密的部分自我。	④ **未知之窗** 自己沒察覺、別人也不知道的未知自我。埋藏著各種可能性。

活用喬哈里窗之後

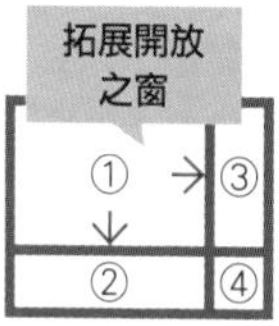

對他人敞開自我
➡能夠使人際關係變更好、締結更加深厚的人際關係。

直率地接受他人的意見
➡以客觀方式凝視自我，發掘自身的缺點或優點。

喚醒自己的可能性
➡成為設定未來志向的指引。使你獲得挑戰新事物的勇氣。

道的領域（左頁上圖③、④）。

首先最重要的就是積極地向他人進行**自我揭露**＊，深化與他人之間的人際關係。接著，藉由他人的分享和指導去了解自己的盲點所在，拓展自身視野，進一步覺察到自己的未知領域。

了解真正的自己，除了**使你更懂得自我控制之外，也能獲得挑戰未知領域的勇氣或契機**，具有極大的益處。

小知識　如果想要加深人際關係

所謂的自我揭露，是指坦白向他人傳達自身的資訊或心情。此行為代表信任對方，這麼一來，對方也會回報以同樣的信賴。在反覆一來一往之中，雙方關係也會變得更加深厚。

WORD 自我揭露：向對方敞開心房，表達自身的想法、興趣、家人、工作或性格等各種個人資訊。

喜歡自己 02

容易因小事感到心浮氣躁

在現代社會中愈來愈受到重視的「壓力」是？

了解壓力的組成結構，採取相應的適當對策

只是一丁點小事情就感到焦慮煩躁、再怎麼睡也無法消除疲勞、不自覺嘆氣的次數愈來愈多……。當你持續這些情況，或許原因就出在**壓力**也說不定。

在今日，壓力一詞已經被廣泛使用。若追溯這個詞彙的由來，原本是在物理學領域中指稱因壓力而導致物體歪斜的現象。首先將壓力一詞使用於生物上的，是1936年加拿大生理學家**薛利**（Hans Selye）所提出的**壓力學說**＊。之後，以美國心理學家**荷姆斯**（Thomas Holmes）等人的研究為契機，壓力成為心理學領域的重要研究主題。他們將「壓力」定義為：**當人們面對伴**

WORD 壓力學說：研究生物面對壓力時的反應。研究發現受到壓力的動物會如何抵抗、承受壓力至極限時會走向死亡。

引發壓力的機制

外部及內部壓力源會引發壓力。

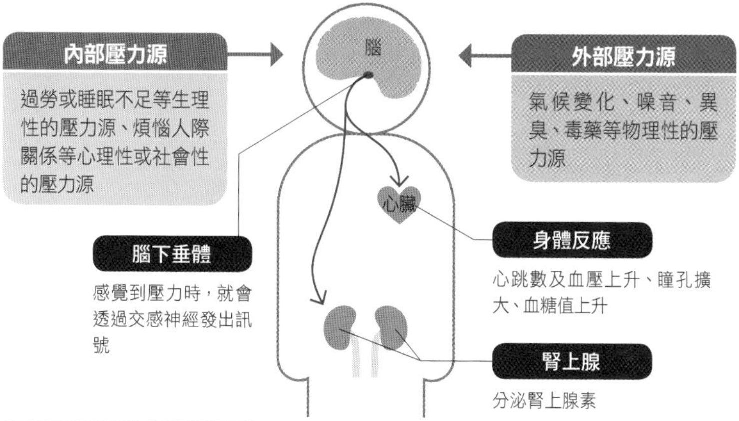
內部壓力源
過勞或睡眠不足等生理性的壓力源、煩惱人際關係等心理性或社會性的壓力源
外部壓力源
氣候變化、噪音、異臭、毒藥等物理性的壓力源
腦
心臟
腦下垂體
感覺到壓力時，就會透過交感神經發出訊號
身體反應
心跳數及血壓上升、瞳孔擴大、血糖值上升
腎上腺
分泌腎上腺素

反應壓力的3階段

生理學家薛利指出，身體在面對壓力時會出現如下3個階段的反應。

警告反應期
受到刺激時，一時間的抵抗力較弱，此時身體開始分泌腎上腺素、交感神經也活絡起來。

抵抗期
分泌腎上腺皮質素，身心活動開始活躍。

疲弊期
能量枯竭，抵抗力變弱。身心出現各式各樣的不適狀況。

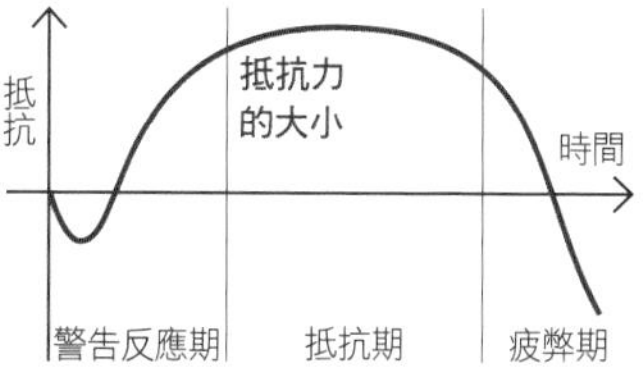
抵抗
抵抗力的大小
時間
警告反應期
抵抗期
疲弊期

侶死亡、離婚或結婚等重大生活變化時，身心適應這些變化並回復至正常狀態所需要的能量。

此外，在被稱為「壓力社會」的現代，人們對於壓力的關心益發深厚。壓力與性格的關係、**高度壓力會導致身心疾病**等，大家愈來愈了解壓力帶來的各式影響。唯有認識壓力的真面目、理解引發壓力的機制，才能夠更有效地對抗壓力。

小知識 **心靈的能量補給**

雖然人類對於壓力有抵抗力，但是若負荷持續加重，能量遲早也會消耗殆盡。就像身體需要營養一樣，心靈的能量補給也相當重要。

什麼是造成壓力的原因？

潛伏於日常周遭的壓力源

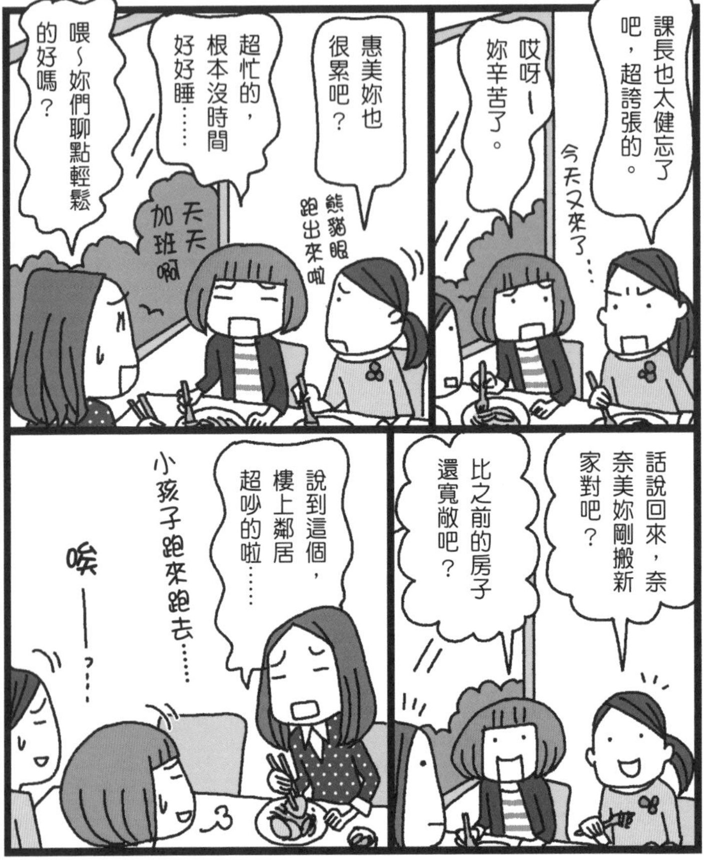

環境變化時期要特別注意

壓力源就是造成**壓力**的原因，主要可分為3大類。

①**物理性的壓力源**：炎熱、寒冷、噪音或花粉等。

②**生理性的壓力源**：生病、受傷、睡眠不足或過勞等。

③**心理性、社會性的壓力源**：社會、學校或家庭等人際關係。

除了過度工作或親人死亡等負面事件，許多喜事或好事也可能是造成壓力的原因，必須多加注意。例如剛出社會、入學或搬家等的環境變化，也會同時對生理和心理造成雙重負擔。例如公司新人或學校新生容易得到的**五月病***，就是由於這個因素所引發的身心不適。

當身心壓力持續累積，就會

WORD 五月病：由於新環境或人際關係帶來的壓力引發身心不適。在日本，於4月就職或入學時會面臨周遭環境的極大變化，身心不適症狀通常會在緊張感緩解之後的5月出現。

壓力檢測量表

檢測看看，你的身心是否累積了過多壓力？
確認以下各項目，在（　）內計入分數。

經常出現▶5分　偶爾出現▶3分　很少出現▶0分

1	最近，對於許多事情都無法忍耐	（　）
2	明明沒有必要，卻一直確認時間	（　）
3	行動時缺乏餘裕	（　）
4	提出一些不合理的要求	（　）
5	感覺到自己容易發火或暴怒	（　）
6	出現感冒、頭痛、消化不良、胸悶、下痢、便祕等身體狀況	（　）
7	喝酒過量、暴飲暴食	（　）
8	心中對於悠閒放鬆有抗拒	（　）
9	很少與他人說話	（　）
10	太過死心眼、執著某事	（　）
11	容易多愁善感	（　）
12	馬上就與他人起爭執	（　）
	合計	（　）

7分以下	8～17分	18～33分	34分以上
身心幾乎沒有壓力累積。只是，當環境驟然變化時會突然感受到壓力罩頂。平常就要留意適時紓解心情。	心中抱持著某些壓力。重新檢視生活，找出造成壓力累積的原因，採取適當的對策吧。	身心累積的壓力有點大。好好放鬆睡一覺、假日做些休閒活動，記得多多排解身心的壓力。	壓力非常大。提醒自己不要勉強硬撐、適度多休息是必要的。找專家諮商也是一種方式。

對精神層面產生影響，例如焦慮煩躁、不安感、情緒低落、集中力下降等。若情況持續加重，將會進一步引發**憂鬱症**＊或**恐慌症**（出現心悸、冒汗或頻脈等狀況，強烈不安襲上心頭的焦慮症）等心理疾病。

影響範圍不只精神層面，也會造成肩頸痠痛或頭痛等生理不適，嚴重的話也可能成為導致高血壓、胃潰瘍、十二指腸炎的原因。一旦察覺壓力徵兆，盡早採取相關對策是非常重要的。

小知識　找到可以談心的人吧

身邊是否有親近的人陪伴，對於壓力的承受度也會有極大差異。不要自己一人悶著頭面對所有的事情，去找找可以談心、訴說煩惱或抱怨的人吧。

WORD 憂鬱症：由於壓力累積，導致大腦機能出現障礙、心情低落或失眠等症狀持續出現。近年來，憂鬱症人口在日本急遽增加。

喜歡自己
04

巧妙地與壓力和平相處

學會自我壓力管理的方法

以各式各樣的方式防止壓力累積

我們被各式各樣的**壓力源**包圍著在生活，若想要將壓力來源完全去除掉，幾乎是不可能的。那麼，我們應該如何與壓力和平相處呢？

若是能學會**壓力管理**（stress management），會是一個有效的方法。所謂的壓力管理，就是**去面對壓力源，並且嘗試減輕壓力的方法**。其中，身心遭遇壓力時所採取的努力及行動，就稱為**壓力因應**＊。例如因工作而承受龐大壓力時，改變自己所處的職場環境，就是一種壓力因應。

此外，**樂觀性格**的人與**悲觀性格**＊的人，兩者面對壓力時也會抱持截然不同的態度。

前者在心理上甚至有餘裕去

WORD 壓力因應（stress coping）：因應方式分為2種類型，「問題解決型」是去改變造成壓力的原因或情境；「情緒調節型」是調整自身的負面想法或情緒。

心理檔案 ❸

不同的接受方式，壓力大小也有差異

實驗 美國心理學家拉扎勒斯（Richard S. Lazarus）讓4個受試團體觀看澳洲原住民的割禮※儀式影片，事前分別給予不同的說明，觀察受試者的壓力反應是否有差異。

※割禮：男孩成為男人的成年禮，是一種切除部分男孩生殖器的儀式。

結果 接收正面角度說明的團體的心理壓力度較低；接收到負面角度說明，或是沒有說明就直接看影片的團體，心理感受到較大的壓力。由此實驗可知，對於壓力源抱持著不同的情緒或情感，感受到的壓力大小也會有所差異。

	團體A	團體B	團體C	團體D
事前說明	「割禮會帶給少年痛苦」	「這是觀察原始文化的紀錄影片」	「少年非常開心能夠參加割禮儀式」	沒有任何說明就開始播放影片
壓力度	高	低	低	高

享受壓力帶來的挑戰，即使失敗或過程嚴峻，也能夠抱持積極向前的態度。另一方面，後者的抗壓性較弱，會將一點小失敗或挫折放大思考，陷入低潮情緒中。

建議悲觀性格者嘗試以下列3個視角出發，重新檢視自己的狀態：①放棄自我否定的看法（有時候要多稱讚自己）、②不要過度在意他人眼光（以自己的需求為優先）、③不要苛求完美（接受一些小缺失或小放鬆，並不會對生活或工作造成問題）。

小知識 壓力也有正向效果

例如，當你被交付一項新任務時，雖然會感到壓力，但心中同時也會湧起一股幹勁。就像這樣，適度的壓力是促使自己持續成長的原動力。

WORD 悲觀性格：面對任何事情時，都會往「不可能會順利吧」或「應該會失敗吧」等負面方向思考。樂觀性格則是完全相反，兩者並沒有好壞之分。

應對壓力的策略（壓力因應）

處理壓力或壓力源（造成壓力的原因），也就是「壓力因應」的方式，其實有各式各樣的可行策略。接下來，以美國心理學家拉扎勒斯等人提出的概念為基礎，介紹４種最具代表性的壓力因應方式。

1 問題解決型對策

將壓力和壓力源視為問題，以解決問題的方式來減輕壓力。

①將問題明確化
②探究問題的原因
③提出多種解決方案（選項）
④決定解決方案的先後順序
⑤實行解決方案
⑥若⑤無法消除或減輕壓力，改採其他解決方案

■問題解決型的具體事例

舉個例子，以某位因母親過度嘮叨而備受極大壓力的女性為例。

①母親的支配（問題）
②壓力源是母親（原因）
③設想「和母親懇談、說服對方」或「一個人住」等解決方案（提出多個選項）
④排列解決方案的順序，決定以「一個人住為優先」
⑤搬離老家，一個人在外面住（實行）
⑥母親的過度干預從生活中消失，壓力也消失了（壓力解除）

2 情緒調節型對策

有時候，問題解決型策略並非是最好的方式。在某些情況，以下①逃避型、②發洩型、③消解型等情緒※調節型的對策或許效果更好。

①逃避型：外出旅行等，遠離壓力源。
②發洩型：遷怒其他的人事物來發洩。但是可能會造成新的問題或壓力，並不是聰明的解決法。
③消解型：投入興趣、運動、電玩遊戲或欣賞戲劇等其他行為中，紓解身心壓力。喝酒或賭博對於轉換心情或許有效果，但可能會造成上癮等其他問題發生。

3 認知處理型對策

先了解自己的性格或行動模式等等，在壓力發生之前就事先做好心理準備，以接受壓力的方式來減輕壓力，此外，也可以調整自身性格或情緒上的傾向，進一步做到控制壓力。

當壓力發生，或是即將發生時，能夠穩定思緒的冥想法也是一種認知處理型對策。

4 社會支援型對策

不依憑一己之力或技巧來面對壓力及壓力源，而是借助周遭親友或專家的力量，有以下幾種方法。

①找朋友、同事或上司諮詢

②找家人商量

③尋求精神科醫師、諮商心理師、心理治療、醫療機構等專業人士或組織的協助

推薦的壓力因應策略是？

在以上介紹的1～4壓力因應方式之中，最建議採用的是「1.問題解決型對策」和「3.認知處理型對策」。不過，這兩者在實踐上都需要一定程度的時間，因此如果是壓力問題不大或是沒時間的情況，可以使用「2.情緒調節型對策」的「消解型」方法來紓解壓力。

此外，當壓力累積或壓力源過於龐大，或是無法以一己之力來處理壓力時，可選擇「4.社會支援型對策」的方式，積極尋求周圍親朋好友或專家的力量來協助。

※情緒：憤怒、悲傷或驚訝等，一時激烈湧上的情感。

喜歡自己
05

對自己感到不滿

克服自卑感，提升自我

原田，星期六有約女生聯誼，你要來嗎？
我才不要
不要這麼說嘛……
反正又不會有人理我
我這麼俗而且又無趣
不要這樣貶低自己啦！
你當然好啊！個性開朗，又幽默風趣
咦？
我要去打工了，再見
什麼聯誼嘛！根本不適合我……

過於強烈的自卑感也可能妨礙日常生活

不管是誰，每個人都對自己抱持著些微的**不滿**，例如「如果身型更好看一點」或「如果年薪再更高一些」等等。然而，其中一些想法太過強烈，甚至會影響到自己的日常行為和生活方式，這就稱為**自卑情結***。**自卑感是一種自己本身能夠意識到的情感，但是自卑情結通常會在無意識中深深影響你的言行舉止。**

舉例來說，像是抱持著「對外貌沒自信」自卑感的人，就會在無意識中避免和他人接觸互動，或是有些人不願意屈服於心中的自卑感，轉變成一廂情願地認為「自己是優秀的」。

另一方面，自卑情結也有正

WORD 情結：由於受到過去經歷和情感的影響，變得異常堅持某些事物，例如戀母情結就是典型的例子。

診斷你的自卑情結強度

在下列各項目中計入分數，最後相加起來計算總分。

經常出現▶5分　有時出現▶3分　很少出現▶0分

容易打斷他人說話、自說自話	
無意中挑剔別人的毛病	
對於下屬或晚輩很強勢，但是面對上司或長輩卻很弱勢	
刻意笑得很大聲	
無法認真好好聽他人說話	
經常自吹自擂	
喜歡華麗的打扮或髮型	
經常生氣罵人、道人是非	
合計	

合計20分以上的人，內心可能抱持強烈的自卑情結。刻意自我吹噓、想要站在別人頭頂上，其實都是心中自卑感作祟使然，才會想要以外在表現出來的優越感來隱藏內心自卑感。

繼續這樣下去，人際關係可能會出現問題、無法與他人順暢互動。首先，請承認自己的弱點。這份謙虛，能夠促使人際關係更加圓滑。

向的部分。心理學家**阿德勒**＊認為，人們為了克服內心自卑感所做的努力，就是督促自己採取行動的原動力，也能夠刺激成長。例如古希臘哲學家**狄摩西尼**，他就是以結巴口吃（無法順暢說話）的自卑感作為能量，最終成為當代首屈一指的演說家，也是歷史上廣為流傳的逸聞。

首先，**以客觀角度來凝視自己，挖掘出深埋於心中的自卑感**。接著，只要朝往克服自卑感的方向努力，自卑情結就會成為促使你成長的堅強夥伴。

小知識　因為自卑感而討厭別人

當心中抱持強烈自卑感，有時候會出現否定他人優秀之處的心情。如果你有非常討厭的人，不妨試著反思自己討厭對方的理由，或許能夠發現心中隱藏的自卑感也說不定。

WORD▶ 阿德勒（Alfred Adler）：與弗洛伊德和榮格齊名，對於後世心理學發展帶來深遠影響的奧地利心理學家。首創「個人心理學」領域之研究。

喜歡自己
06

非常討厭自己！

無法積極主動，封閉在自己的保護殼中

便當看起來好好吃喔！
妳將來一定是個好太太呀
唉——
像我這種人才不可能咧
偶爾才做做料理
也不會收拾家裡
更無法早起做家務
辦不到
辦不到
這樣的我，應該沒有人會喜歡吧……
呃!?
砰咚
嗚……
這是怎麼了……

自我評價太低的人，沒辦法喜歡自己

你喜歡自己嗎？「雖然多少有些不滿啦，但不會討厭自己」，應該有很多人會這樣回答吧？人類在成長過程中，藉由將自己與他人比較來建立自信或是感到挫折沮喪，進而培養出自己的**自尊心**。

相反地，無論如何就是無法喜歡自己的人，通常都是**自我評價**＊極低的人。對自己做的事情缺乏自信，面對任何事情都是消極心態。此外，對於這樣的自己感到丟臉羞愧，導致更進一步消減自我評價。由於「反正像我這樣人……」的心態根深蒂固，只要一點小事情就感到受傷退卻，心中缺乏面對困難的勇氣。

WORD 自我評價：對於自己的評價。若是自我評價較高，內心不會恐懼失敗，能夠採取積極的行動。自我評價的心態差異，決定你是否能夠享受人生。

提高自我評價的技巧

想要提高自我評價，一步步累積成功體驗是很重要的。懂得反省，從失敗中找到通往成功的方向。

❶ 不要害怕失敗

盡可能去多方嘗試、盡量去犯錯和經歷失敗。所謂失敗，是讓你學習到更多知識和經驗的珍貴體驗。不要害怕失敗、勇於嘗試新挑戰的心態非常重要。

❷ 分析失敗的原因

不要將導致失敗的理由完全歸咎到自己身上。失敗的背後總會有原因存在，也有可以改進或挽回的空間。準備的時間不足、哪裡疏忽了……等，好好地分析箇中原因吧！

❸ 採取相應的對策

如果失敗的原因在於時間不足，下次就準備更縝密的計畫，最後再多檢視幾遍是否哪裡有疏漏等，採取有效的相應對策，決定下次行動的目標。

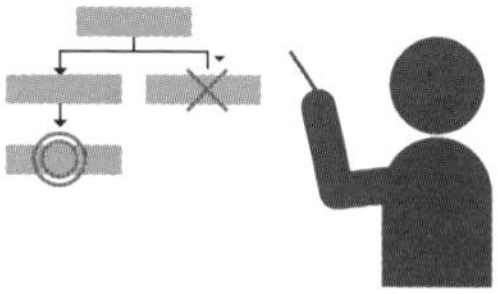

❹ 不要被失敗拖著走

反省過應該反省的部分之後，就把失敗的過去忘掉，腦中只想著接下來要進行的事情即可。不斷地在內心反芻失敗，並不會帶來什麼好事。

此外，根據**認知失調理論**＊，自我評價較低的人，容易接受他人對自己的負面評價。比起讚美的言論，聽到負評反而更能夠使他們安心。這麼一來，不管經過多久，他們都無法從「討厭自己」的情緒中掙脫而出。

想要提高自我評價，請嘗試以正面態度來看待各種事物。不要再一味地將失敗歸咎到自己身上，而要探究原因，思考防止失敗的對策。這麼一來，當下次成功時，就能一步步建立起自信。

用這招！ 心理技巧……

全面性地讚美也很有效

對於那些自我評價低落的人，應該要堅持不懈地多多讚美，這樣能夠幫助他們建立起自信心。因為人類的心理很容易相信他人反覆傳達多次的訊息。

WORD 認知失調理論（cognitive consistency theory）：促使自身想法和周圍事物保持一致性。自我評價較高的人喜歡正面評價，自我評價較低的人會喜歡負面評價。

喜歡自己
07

外表不好看就得不到幸福？

無法逃離自卑情結的束縛

不受控制的自動化思考之危險陷阱

對於外貌的**自卑感**（▼P60）其實每個人心中多少都有。其中，對於青春期的少男少女、正在應徵工作或找尋結婚伴侶的人而言，這更是個大問題。

的確，從某個角度而言，「美男／美女很吃香」或許是真理沒錯。受到**光環效應**＊的影響，人類看見外在美好的人事物時，很容易逕自認為內在也是美好的。但是，如果一味在意外貌不夠完美，對於任何事情都沒有自信，或許你已經成為**自動化思考**＊的俘虜也說不定。

自動化思考是指一種個人獨有的思考習慣。令人困擾的是，想要以一己之力來控制此種思考方向通常很難辦到。**尤其是自我評價低**

WORD 光環效應（Halo Effect）：英文「Halo」就是「光暈」的意思。例如，「外貌姣好」之類的單一特徵，會帶來如光環般的效果，給人一種全部都很優秀的錯覺。

切斷自動化思考的連鎖機制

負面的自動化思考流程，通常是由情緒所建立起來的，因此其中有許多不合邏輯的地方。讓自己冷靜地依序分析內容，切斷這些思考的鎖鏈吧。

程序1 將腦中的想法與事實相對照

想法	與事實的關係	改變思考方向的提示
長得不美麗	➡ △ ➡	什麼是美麗？是哪個部分不美麗呢？藉由化妝打扮能夠使外表變美麗嗎？
沒有人喜歡我	➡ △ ➡	我真的被討厭嗎？ 我被每一個人討厭嗎？
去聯誼也總是不順利	➡ ○ ➡	該怎麼做，才能夠使事情變順利呢？
無法擁有幸福的戀愛或婚姻	➡ × ➡	外貌不出色但是卻擁有幸福戀愛或婚姻的人，到處都有。自己所謂的幸福，是指什麼生活呢？
做什麼事情都不成功	➡ × ➡	自己身上一定有優點或專長。
自己是一無是處的人	➡ × ➡	因為有優點或長處，所以並非一無是處。

程序2 改變自動化思考的方向

自動化思考

長得不漂亮 ▶ 沒有人喜歡我 ▶ 去聯誼也總是不順利 ▶ 無法擁有幸福的戀愛或婚姻 ▶ 做什麼事情都不成功 ▶ 自己是一無是處的人

將思考方向導引至正面角度

例如……

長得不漂亮 ▶ 我想變漂亮 ▶ 在化妝或打扮上多花些心思

去聯誼總是不順利 ▶ 改變說話方式、使表情更自然豐富

落的人，很容易陷入負面的自動化思考，因此必須多加注意。例如「長得不漂亮↓沒有人喜歡我↓就算去聯誼也不會有好結果↓無法擁有幸福的戀愛或婚姻↓做什麼事都不成功↓自己是一無是處的人」等不斷地往負面方向思考。

當你陷入前述的負面思考漩渦中，**必須設法切斷這種自動化思考的連鎖機制**。如同上方的圖表所示，此時最重要的是讓思緒冷靜下來，客觀地自我分析這些自動化思考的內容。一個個去檢證這些思考的結論是否正確，嘗試努力去改變思考的流程及方向。

小知識 對於外貌的自卑感很容易擴大

人對於自身外貌的自卑感很容易擴大，在心底成為深刻的心結。從他人的角度來看，或許你比自己所想像的還更有魅力也說不定。

WORD 自動化思考：一遇到某個狀況時，就會自然浮上心頭的想法。若是與過去的失敗經驗或恥辱記憶相結合，可能成為導致心情低落的原因。

喜歡自己
08

超喜歡名牌精品！

喜歡名牌也可能是一種沒有自信的表現

服裝與身體邊界之間的深刻關係

在你身邊，有沒有那種喜歡追求名牌精品、堅持身上一定要穿戴名牌的人？許多日本人喜歡名牌，據說不少歐美知名品牌的消費者就是以日本人為大宗。這種對於精品的喜愛，其實也顯示出人類的心理狀態。

其中最主要的理由，是因為**身體邊界**＊不明確的關係。所謂的身體邊界，是指自己身體與外界的邊界，與個人的自信有著深厚關係。身體邊界明確的人，對於自己抱持一定程度的自信，與他人互動時也擁有自在的餘裕。相反地，身體邊界不明確的人，對自己缺乏自信心，總是感覺到惶惶不安。因此，他們往往會有

WORD 身體邊界：對於自己的身體所抱持的意象，以及與外部之間的境界。具體而言是指皮膚，不過衣服或飾品也扮演著相同的角色。

保護自己的「身體邊界」

將自身與外界區別開來的，就是身體邊界。身體邊界曖昧模糊的人，具有以穿著打扮來保護身體的傾向。

身體邊界曖昧模糊的人

- 難以區別自身和周圍，內心缺乏自信。
- 對於與他人的互動感到惶惶不安。

想要藉由華麗的裝扮或高級名牌精品服飾來劃分出明確的身體邊界。

身體邊界清楚明確的人

- 心中抱持著「我就是我」的價值觀，對自己抱持著自信。
- 與他人互動時，擁有自在的餘裕。

當身體邊界不明確時，會對日常生活造成一些障礙或困擾。例如會想要遠離其他的人事物、喪失現實感等。

想要以服裝來保護身體的傾向。

換句話說，**想以名牌精品來穩固自身，其實正是缺乏自信的表徵**。因為名牌的價值是受到大家公認的，所以一旦穿在身上，就會覺得身體邊界明確化，進而消除了內心的不安情緒。

但身體邊界並非總是不變的，是會隨著外在服飾不同而產生變化。**想要改變自己的心情或給人的印象時，嘗試穿上與平時不同風格的服裝也是個好方法，**它帶來的效果可是不容小覷。

用這招！ 心理技巧……

面對不安的場合，就穿上「勝負服」

身體邊界會因為外在打扮而變化，相反地，面臨重要會議等令人不安或緊張的場合時，身穿高級西裝或套裝，對於穩定心神也會有所助益。這就是我們常說的「勝負服」，背後也是身體邊界概念的作用使然。

喜歡自己
09

總是忍不住亂遷怒

把怒火發洩到不相關的人事物上

焦慮 煩躁
焦慮 煩躁
今天吃豬排飯喔？
對呀，你不是喜歡吃嗎？
我明明在減肥，妳幹嘛還做油炸料理啊？
什麼減肥啊，根本沒聽你說過！
明明有說過！妳這傢伙就是每次都不聽別人說話！
你那什麼態度啊！我這一生都不會再幫你做豬排飯了！
哼！

將無法實現需求的不滿轉化為攻擊行為來發洩

當遭遇問題或不順心的狀況時，有時候我們會不受控制地**遷怒他人**。這是一種試圖排解**挫折**＊的行為。當人們無法實現自己渴望的事情、心中感到**欲求不滿**，就會出現挫折情緒。

當挫折感不斷累積，焦慮煩躁的情緒持續出現，就成了壓力產生的原因。因此，人們就會以遷怒的方式來發洩這些情緒。

此外，其實遷怒行為本身也具有**防禦機制**＊（為了保護自己而採取的行動）的面向。**它是一種名為「代替」的心理功能，試圖以不同的事物來滿足原本落空的欲望**。像是被上司責罵的不滿情緒，當然無法直接發洩於社會

WORD 挫折：欲望無法獲得滿足的狀況，以及由此引起內心感到不滿的狀態。

遷怒他人的心理機制

在欲望無法實現的情況下，為了排解挫折感而採取攻擊行動。

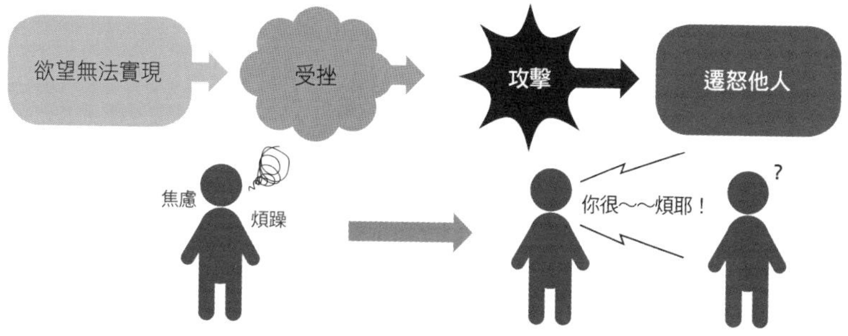

為了迴避挫折感而啟動防禦機制

由於挫折所引發的壓力，人類心理經常出現以下的防禦機制。

反向作用

出現與內在情緒相反的行動。例如，對於心中憎恨的對象，反而表示出不必要的過分溫柔體貼。

合理化

對於不順利的事情，刻意找理由將之正當化，或是將責任轉嫁於他者。例如當考試成績不理想時，會歸咎於考試時身體不舒服等藉口。

倒退

不得不面對感到難堪的狀況時，身心退回到比較幼稚的階段。例如年幼的孩童在弟弟或妹妹出生之後，原本能夠自己一個人完成的事情突然變得無法做到。

逃避

希望藉由幻想或生病等方式來逃離現實。具體而言，例如由於對人際關係感到焦慮不安，結果變成長年繭居在家的人等。

位階高於自己的上司身上，所以在回家之後遷怒於家人，便是很經典的例子。

容易因為一些小事就感到挫折的人，通常具有**挫折容忍力**較低的傾向。從小在成長過程中的各種願望都順利實現，很少感覺到失望或不滿的情緒，因此很不習慣挫折帶來的感受。

相反地，挫折承受力很強的人，大多是習慣於希望落空或失敗狀況的人，因此，他們更能夠接受「無可奈何」的現實處境。

小知識　攻擊性也是一種本能

想攻擊他人的心情，其實也是一種人類本能上的欲望，不過這份欲望在平時是被壓抑住的。這就是為什麼在遷怒他人之後心情會覺得舒暢痛快的原因。

WORD 防禦機制：自身面臨必須接受的不安情緒或處境時，為了維持心理安定而啟動的保護機制。代表性的例子包括「壓抑」、「投射」、「反向作用」、「合理化」、「理智化」或「昇華」等。

喜歡自己
10

當挫折感持續累積……

巧妙紓解不滿或受挫的情緒

我老公完全都不會幫忙照顧小孩啊！
下班回來也馬上就去睡了……
哎呀，沒辦法。每天都很辛苦吧！
嗯，是啊
話說回來，妳的小孩差不多快1歲了吧？
幫他做本紀念相簿，轉換一下心情如何？
說的也是
哇哇～～這本相簿做得好可愛唷！
老公你也累了吧，要先去洗澡嗎？
我很努力做的唷♪
哇！媽媽好厲害呢！
ALBUM

構築起能夠吵架的人際關係

想要聰明又巧妙地處理心中的挫折感，應該怎麼做才好？

遷怒他人不僅破壞人際關係，最後也會導致自己的信用蕩然無存，應該盡量避免這種發洩方式。建議的做法是，**以興趣或運動來轉移注意力及心情**。只要熱衷地投入某件事情中，對於造成挫折感的**不滿**或原因，也比較能夠看淡或是一笑置之。

再來，就是改變自己的思考角度。這個世界並不是以自己為中心而運轉的，接受「無可奈何」並懂得放下的心態也很重要。如果希望避免心中的挫折感進一步與**攻擊行為***結合，提高與他人之間的**共鳴***也是一個有

WORD 攻擊行為：以言語或暴力來傷害他人的行為。為了緩和內心受挫而造成的心理緊張狀態，有時候人們會採取攻擊行為。

提升共鳴力的方法

培養出共鳴能力之後，以遷怒方式來發洩挫折感的情況也會隨之減少。此外，對於促進相互理解、構築起良好的人際關係等，也會帶來正向的幫助。

仔細傾聽他人的意見

當別人在說話的時候，不要打斷對方或強加自己的意見，保持傾聽的姿態直到最後。

與對方共享問題

把他人面臨的煩惱或問題當成是自己的事情，一起共同思考。

尊重他人的個性或立場

每個人都有自己的成長背景、獨特個性，以及其當下所處的立場，努力去試著理解對方。

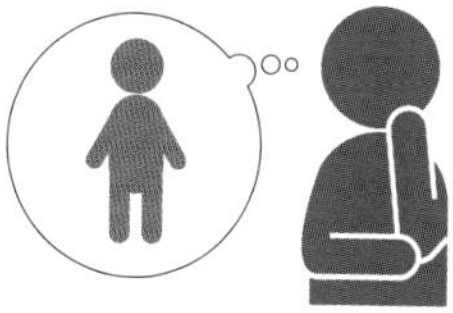

不要在人前侮辱對方

避免在他人面前說出會傷害對方自尊心的話語。

效方法。透過經常傾聽對方的意見、努力了解對方的立場等方式，能夠培養出同理心，建立起雙方的共鳴。

除此之外，眾所周知，如果夫妻之間平時有些小爭執，**挫折容忍力**也會提高。換句話說，**正因為彼此保持溝通，所以在吵架時才懂得如何避免相互深刻傷害的情況發生**。建立起這樣的關係，也是對抗挫折的策略之一。

小知識 夫妻吵架的分寸很重要

我們對於愈親密的人，往往愈容易將強烈的怒火發洩到對方身上。夫妻吵架時也別忘了拿捏分寸，在心中設下「說到這個程度沒關係」的安全界線。

WORD 共鳴：換句話說就是「同理心」。理解他人的情感或喜怒哀樂，將之當成是自己的事情一般來感受和設想。共鳴力愈高的人，愈能夠與他人構築起良好的互動關係。

從夢境中探索自己的真實心意

精神科醫師弗洛伊德主張「夢境是為了欲望的滿足」並試圖解析每一個夢境的背後意涵。夢境會顯示出自己並未覺察到的欲求或願望，藉由分析夢境，能夠幫助自己更了解自我內在。

弗洛伊德主張夢具有4個特質

弗洛伊德認為夢具有4個基本的性質，顯示出人類潛意識中的願望或情感。人在睡眠狀態時，意識的控制消失，平時被壓抑於潛意識領域中的願望、不安或心理創傷※等情緒，就會出現在夢境之中。

1 不安

幼兒時期來自於父母的壓力成為一種潛在的焦慮而出現於夢境中。有時候也會顯示出對於現況的不安。

例如：被野獸等可怕生物追著逃跑的夢。

2 倒退

當你在現實世界中感受到衝突或不安時容易出現的夢境，源自於你想要逃回到過去的心理。

例如：夢到小時候、過去自己曾經歷過的事情等。

※心理創傷：遭遇虐待、事故、霸凌、暴力、災害等悲慘處境，造成長期陷溺於身體和精神衝擊的狀態。也稱為「心靈外傷」。

4 檢視

激烈的願望或情感在成為夢境之前受到檢視，結果轉換成不同的型態表現出來。

例如：在夢中殺人等，做出現實中不被允許的事情

3 壓抑

現實中無法實現的願望、刻意抑制的情感等，在夢中盡情釋放出來。

例如：意義不明的夢境。

出現於夢中的象徵

弗洛伊德認為，出現於夢境中的各種人事物，背後都具有各自的意義。象徵的意義分別如下，不過由於內容太過於偏向性方面的解釋，這種解析角度之後受到不少批評。

領帶、鑰匙

➡ 男性

建築物的突出部分、有陽台的房子

➡ 女性

跳舞、登山、爬坡或爬樓梯

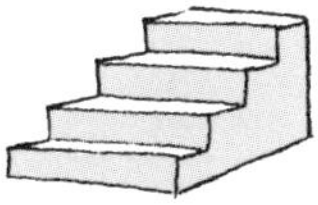

➡ 性交

與水相關的事物

➡ 生產

木頭、棒子、雨傘、鉛筆、澆水器、水龍頭、蛇、噴泉

➡ 男性器官

箱子、鞋子、口袋、窪地、教堂、庭院

➡ 女性器官

小動物、害蟲

➡ 兒童

旅行、鐵路旅行

➡ 死亡

經常被認為是傲慢的人

無法打從心底尊重他人

自尊是自信之源，但是也不要忘記謙虛

領導風範是率領團隊朝向目標前進的重要資質，如果你有幸擁有這樣的資質，並且經常成為團隊的領導者，那麼你就是一個擁有**自尊情感***和自我評價較高的人。對於自己抱持自信，累積了各式各樣的挑戰經驗，因此也具備了協調及安排事物的能力。在你所屬的組織或團隊中，或許就被視為不可或缺的存在。

自尊情感在人格形成的過程中，扮演非常重要的地位。**藉由提高自尊心，就能夠抱持自信，以積極向前的態度來面對人生。**

但是，自尊心強烈的人，有時候也容易給別人一種「氣焰高漲」或是「**傲慢***」的印象。這

WORD 自尊情感：一種認同自己、喜歡自己的情感。藉由提高自尊心，就能抱持自信心和企圖心去面對嶄新的事物。

傲慢的人和領導者風範的人之間的差異

傲慢的人和領導者風範的人，乍看之下兩者的特質很相似，究竟到底是差在哪裡呢？

傲慢的人	具領導風範的人

● 自尊心強烈 ● 若事情發展不如預期就會生氣 ● 不肯承認失敗 ● 總是希望得到他人讚譽 ● 表現出瞧不起人的態度和言論 ● 不會將感謝之意說出口	● 自尊心很高 ● 能夠理解他人的立場和心情 ● 能夠坦然面對失敗 ● 願意幫助他人 ● 很願意朝向目標去努力 ● 不會忘記表達感謝之意

麼一來會難以得到周圍的信賴，即使想要發揮領導力，往往也無法順利進行下去。

傲慢的人，做任何事情時都以自己為中心、認為只有自己最偉大。對於他人的協助，逕自認為那些都是「理所當然」的事情，無法直率地表達感謝之意。為了將自尊心轉化為真正的領導風範，懂得尊重他人、不忘謙虛姿態是非常重要的。

用這招！ 心理技巧……

積極地讚美他人

在平時，盡量多把心中對於他人的好評、讚賞和感謝之意表達出口。即使一開始並不是發自內心的，但是在反覆表達的過程中，自然會懂得如何尊重他人。

WORD 傲慢：希望站在比別人高的位置上或是希望被他人捧得高高的自大心態。有時候容易看不起或鄙視他人。

喜歡自己
12

想改變弱小的自己！

反覆以「啊哈體驗」建立起自信心

想要減肥，可是又半途而廢了……
腹肌鍛鍊
一天一〇〇下
呼—我不行了……
而且，我就是戒不掉甜食啊……
真好吃~
好弱啊我……
幾天後
你的減肥成果如何？
完全失敗……反正我不可能成功啦
是因為你突然要求自己一口氣鍛鍊一百下的關係喔！要不要先設定更簡單的目標試看看？
2個月後—
麻衣，妳好像變瘦了耶？
我以健走為目標，持續1個月了~~
要來設定下一個目標囉

如果過分自我貶低，生活會變得無聊

雖然傲慢的態度令人難以忍受，但是如果太過於謙虛的話，也會被認為是**卑下屈從**。

所謂卑下，就是過分地**鄙視**自己、卑躬屈膝（**自我貶低**）。**自我否定**＊的情緒強烈，面對任何事情都一心認為「反正我就是笨蛋」、「我做什麼事情都不成功」，有時候也會將這種心態說出口。把心中的劣等感當作藉口，對於任何事情的心態都很消極，很少主動去做些什麼事情，**自己的人生也隨之變得索然無味**。此外，因為跟你互動起來很無聊，周圍的人也就逐漸離你遠去。這麼一來，又導致你更加失去自信，陷入惡性循環之中。

WORD 自我否定：以負面角度來看待自己。對於自己帶有批判、鄙視或厭惡的情緒，總是帶著「自己是一無是處的人」等的想法。

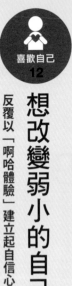

培養自尊心的「啊哈體驗」

小孩子就是在「啊哈體驗」的累積過程之中，逐漸培養自信心、長大成人。大人也是，過分自我貶低的人，必須有意識地反覆以「啊哈體驗」來建立起自己的自尊及自信。

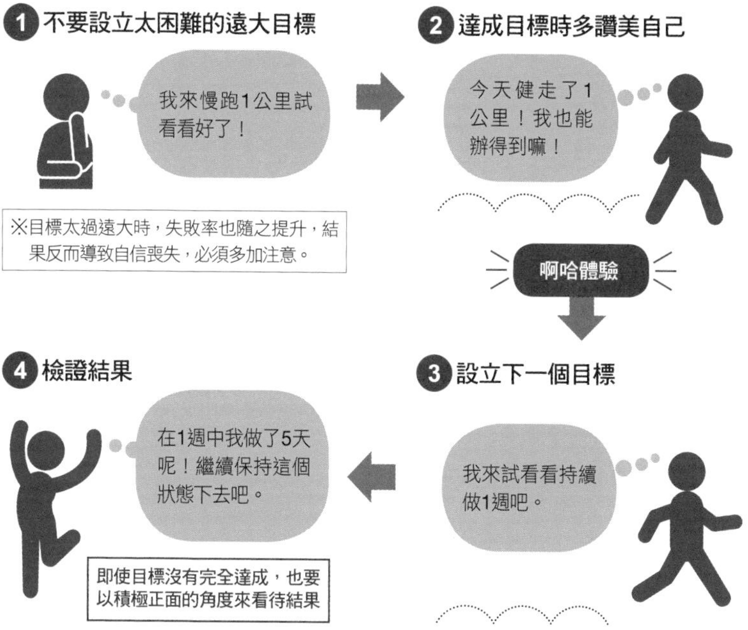
1 不要設立太困難的遠大目標
我來慢跑1公里試看看好了！
※目標太過遠大時，失敗率也隨之提升，結果反而導致自信喪失，必須多加注意。
2 達成目標時多讚美自己
今天健走了1公里！我也能辦得到嘛！
啊哈體驗
3 設立下一個目標
我來試看看持續做1週吧。
4 檢證結果
在1週中我做了5天呢！繼續保持這個狀態下去吧。
即使目標沒有完全達成，也要以積極正面的角度來看待結果

當你處於過分自我貶低的情況時，就必須以「**啊哈體驗***」來提高**自尊心**。藉由挑戰、學習新事物的過程，來獲得「成功了！」或「懂了！」的感覺。**即使只是一次經驗，也有助於提升迎接下個挑戰的幹勁或自信心。**

不需要突然一口氣設定遠大困難的目標，一開始先從很微小的目標做起，例如「有朝氣地跟別人打招呼」等小行動。只要一次次累積「啊哈體驗」，慢慢建立起自信心即可。

用這招！心理技巧……

以讚美來提高自尊心

以讚美的方式來提高對方的自尊心、激起幹勁和鬥志，效果也非常好。對於獲得成功經驗的人，請積極大方地給予讚美吧。或許有一天這些讚美也會回饋至你自己身上。

WORD 啊哈體驗：從德語的「ach ！」而來，意指令人獲得成就感的成功經驗。在獲得啊哈體驗的那一瞬間，大腦的神經細胞會在0.1秒之內同時活絡起來。

喜歡自己
13

容易受到欺騙

總是陷入「很想相信對方」的心情

最近和男友如何啊？
嗯……最近在他的車子裡看到有別人遺落的耳環……
咦!?
那樣不就是偷吃嗎？
我也這樣覺得，才想說問妳的意見啊……
結果，那是他妹妹的耳環啦
哎呀——
我真是亂下判斷呢！男友說在他心中只有我一個人啊
羞♪
COFFEE
一定是又被騙了……
是、是喔……

保持冷靜，仔細地觀察對方

你很容易被別人欺騙嗎？或是，你有自信即使撒謊也不會被別人識破呢？

說到**謊言**，從騙人匯款的詐欺等犯罪行為，到為了「方便」或促使人際關係更圓滑的日常小謊言等，有著各式各樣的型態。

犯罪行為當然另當別論，但即使只是無傷大雅的小謊言，大多數人都還是認為「說謊是不好的行為」，因此心中多少會出現內疚感。不過，也有些人為了隱藏失敗或滿足**虛榮心**＊，說起謊來依然面不改色、心無愧疚。此外，我們一般俗稱的**謊言癖**，就是一種慣性說謊、類似於**反社會性人格障礙**＊的精神疾病。

另一方面，這個社會中也存

WORD 虛榮心：希望自己表現出比實際情況更美好的心態，這也是一種沒有自信的表徵。

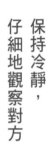

人在說謊時會表現出的訊號

說謊時，人會表現出惴惴不安、焦慮不穩重的模樣。如果你看到以下的訊號，請視為說謊訊號並多加警戒。

把手藏起來

握住雙手、把手放在口袋裡等，試著壓抑手部的動作。

語氣

說話時很怕被打斷，刻意加快說話的速度、語氣急促，盡量簡短回答。

碰觸臉部或頭髮

到處碰觸鼻子、嘴角、頭髮等地方，或是拉一拉耳垂。

表情

面部表情變得僵硬，笑容減少、點頭示意的次數增加。

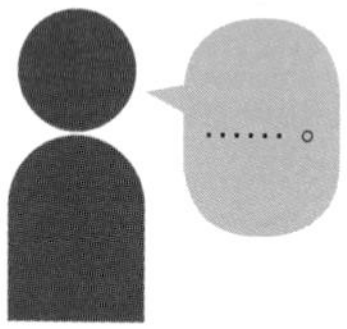

姿勢

動不動就變換姿勢、感覺焦躁不安地移動身體。

視線

不跟對方眼神對視、眼球向右上方飄移。眨眼的次數增加。

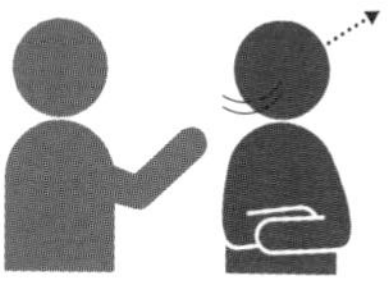

在著容易被欺騙的人，無法學得教訓，總是一遍又一遍地重複同樣的遭遇。例如一些帶有詐欺成分的商業行為，即使知道「世上沒有這麼好賺的事情」，但是**受到欲望的驅使，想要相信對方說詞的心情來得更加強烈，最終受騙上當的人不計其數**。

想要避免受騙，最關鍵的是不要全盤接受對方給的資訊，也不要被欲望牽著鼻子走。人在說謊時會出現一些特有的語氣和姿勢（如上圖），我們在與他人互動時要保持冷靜，不要忽略謊言的各種訊號。

小知識 隱藏真實欲望的下意識謊言

也有一種下意識的謊言，例如男生愛欺負喜歡的女生的心理。這是為了抑制內心真實欲望而出現的相反行為，屬於心理防禦機制之一的反向作用。

WORD 反社會性人格障礙：特徵在於無法遵從社會的規範，為了取得自身利益而慣性說謊的一種人格障礙。

排列出討厭的順序

Q 以下的4種人，請依照「這種人真討厭」的程度來依序排列。

A 容易忘東忘西的人

B 缺乏時間觀念的人

C 動作很慢的人

D 缺乏一般常識的人

解說➡P186

PART 3

改善人際關係的心理學

無法融入團體之中，容易因為一點兒小事就與他人對立，
人際關係之間的麻煩或問題層出不窮。
從心理學的視角出發，能夠對於改善這些問題帶來極大助益。

人際關係 01

總是忍不住與他人一爭高下

「競爭心」也是一種成長動力

真是辛苦了！
村田小姐每天都很晚下班呢
是嗎，因為我現在變成專案負責人了
所以又變得更忙了——
我今天也是忙了一整天……
村田小姐每天忙到這麼晚，根本沒辦法跟男友約會了吧？
不過，我男友說很喜歡我認真工作的樣子啦
真溫柔！下次給我看看妳男友的照片喔
喔，嗯嗯。那就下次囉！
辛苦了，那我先走囉——
……

嫉妒心或競爭心會受到自我表現欲的影響

「因為他跑去國外旅遊，所以我也出國了」、「這個月的業績輸給那傢伙，下個月我絕對要贏回來！」等，我們經常會在工作上或日常生活中與他人一較高下，原因出在哪裡呢？

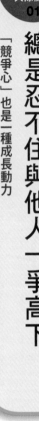

與他人一較高下的心情，是受到**嫉妒**、**競爭心***和**自我表現欲**的驅使。它只不過是一種「我想要優於對方」和「我不想抱持自卑感」的心態。

人類歷史上第一個殺人案件，也就是《舊約聖經》中該隱和亞伯的弒弟事件，其實就是因為「競爭心態」而引起的悲劇。當農夫該隱和牧人亞伯奉獻供品給上帝時，上帝對亞伯的獻祭感到高興，卻對於該隱的獻祭忽視

競爭對手之間的溝通互動

競爭對手之間的溝通互動是相當困難的一件事。當人們面對競爭對手時，很容易懷疑或認為對方對自己抱持警戒或惡意，結果往往發展成負向溝通的局面。

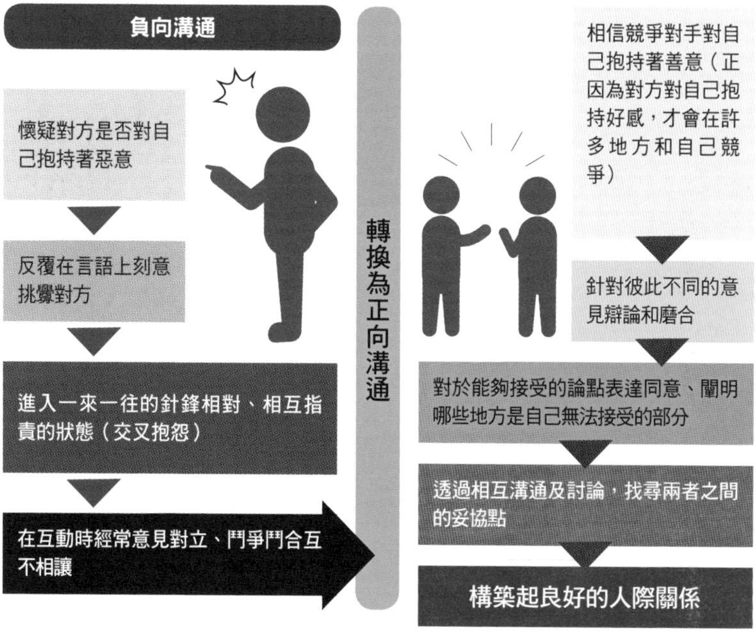
負向溝通
懷疑對方是否對自己抱持著惡意
反覆在言語上刻意挑釁對方
進入一來一往的針鋒相對、相互指責的狀態（交叉抱怨）
在互動時經常意見對立、鬥爭鬥合互不相讓
轉換為正向溝通
相信競爭對手對自己抱持著善意（正因為對方對自己抱持好感，才會在許多地方和自己競爭）
針對彼此不同的意見辯論和磨合
對於能夠接受的論點表達同意、闡明哪些地方是自己無法接受的部分
透過相互溝通及討論，找尋兩者之間的妥協點
構築起良好的人際關係

不理。為此感到憤怒的該隱殺死了亞伯，最後被神下令放逐至伊甸之東，原因就是出自於對弟弟的嫉妒及競爭心。

不過，這種「想與他人一較高下的心情」其實並非只會帶來負面結果。例如「因為不想輸給那個人，所以認真準備考試」，**將對他人的嫉妒及競爭心轉化為成就動機，就能變成促使自己不斷追求成長的原動力。**這種做法比起強行壓抑心中的嫉妒及競爭心來得更容易，對於人生也會帶來加分的作用。

小知識　暗中扯對方的後腿

嫉妒心，是一種相當棘手的情緒。例如，當嫉妒對象比自己更優異時，有時候人們不是選擇努力提升自我、與對方一較高下，而是想要暗中扯對方後腿，希望以一些小動作讓對方從上位跌落下來。

WORD 競爭心：不想輸給競爭對手的心態。根據美國心理學家大衛·麥克利蘭（David McClelland）等人的理論，將競爭心定義為「在各種情況中，希望贏過其他人的成就動機」。

人際關係
02

無法融入團體之中

與團體的規則或習慣合不來

好了！倒完垃圾了！
近藤太太～
今天啊，在我家舉辦午餐會，妳要不要一起來？
來嘛來嘛
啊，謝謝您的邀請……
午餐會
厲──害！全部都是自己做的呀!?
最近我開始去法國主廚開的料理教室上課唷～
真是厲害呢！
對了！下次大家一起去上課好了，近藤太太也去嘛～～
對呀！
好啊，一定……
好想早點回家……

在人際關係的經營上投入心力

「只有自己和周圍格格不入」、「到了新的學校或職場，怎麼也無法融入其中」，有過這種感受的人，應該不在少數吧？有時候原因是出在自己的性格，不過也可能是因為自己和所屬**團體**的規範或習慣合不來的關係。

不管是什麼樣的團體，對於成員必須遵守的規範、思考模式或行動方式等，都會盡量追求統一的做法，這就稱為**團體規範**＊，通常不太能夠允許成員偏離或不遵守這些規範，因此會形成一種**團體壓力**＊，持續對於成員們的心理層面施壓。

即使你希望自己能夠融入學校、職場或社區之中，仍然有可能對於這些團體規範出現抵抗的

WORD 團體規範：團體在有意識或無意識之中所設定的規則、行動規範或做事方式等，成員們必須加以遵守。

心理檔案 4

證實團體規範的艾許實驗

實驗 心理學家艾許（Solomon Eliot Asch）進行了一項實驗，利用以下2張卡片，觀察受試者是否能夠不被實驗助手所影響，正確地判斷出線的長度。

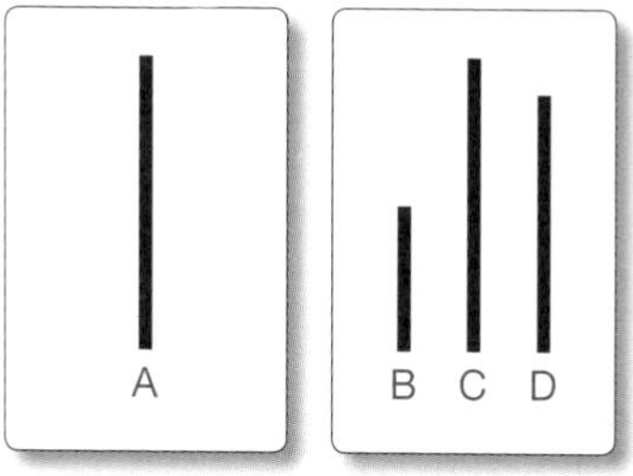

標準卡片　比較卡片

標準卡片上畫有1條直線，另一張比較卡片上畫有3條直線。

請從B、C、D這3條直線中，挑選出1條與A相同長度的直線

結果 如果是受試者單獨回答的情況，正確回答率是99%。

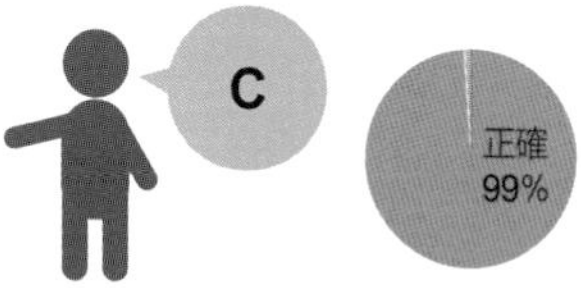

然而，若是安排受試者與5名暗樁（實驗助手）一起回答時，當暗樁率先回答出錯誤的答案時，有7成以上的受試者會與他們做出相同回答。

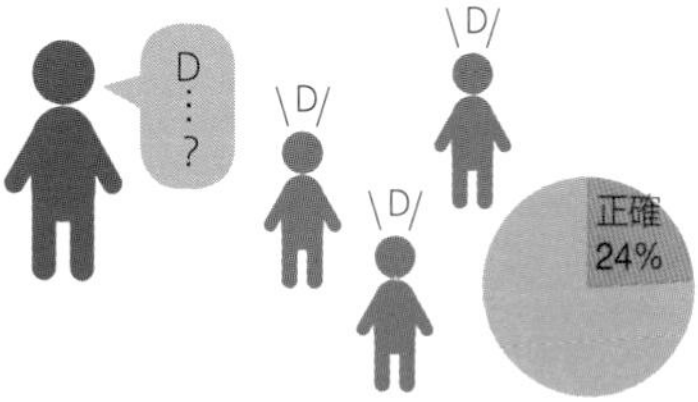

5名暗樁的錯誤回答形成一種團體規範，對於受試者造成團體壓力

感受。話說回來，我們也無法輕易地就從學校或職場中離開，而且自己只是團體中的一名成員，想要以一己之力來改變團體規範是極其困難的事情。

這時候，在經營人際關係上不妨再多花些心力吧。**一個人也好、兩個人也好，建立起較為親近的友誼關係**。即使人數不多，只要在團體中有幾個志同道合的朋友，每天的生活就不再苦不堪言，彼此透過資訊交流等方式，也能夠學習到更好的應對方法，幫助自己更加適應團體規範。

小知識　近在身邊的團體規範

所謂的團體規範，就連是在鄰居互動、興趣社團之類的團體中也是無所不在。除了明文寫下的規範，例如規則、社規等，也有像是風俗和慣習這種無形的規範，同樣強力地制約團體成員的行為。

WORD 團體壓力：一旦團體規範形成之後就會束縛成員的言行舉止，並且會持續對成員施加壓力，避免成員背離團體規範而擅自行動。

保持良好人際關係的距離感是？

不管是誰，都希望保有「個人空間」（若是其他人靠近或進入此空間會感到不舒服）。

愛德華・霍爾的4個距離論

下方的圖是文化人類學家愛德華・霍爾（Edward T. Hall）所提出的個人空間距離。對於配偶或戀人等親近的人，個人空間距離較狹窄（與對方距離較近），對於討厭的人或初次見面的陌生人則是比較寬廣（與對方距離較遠）。

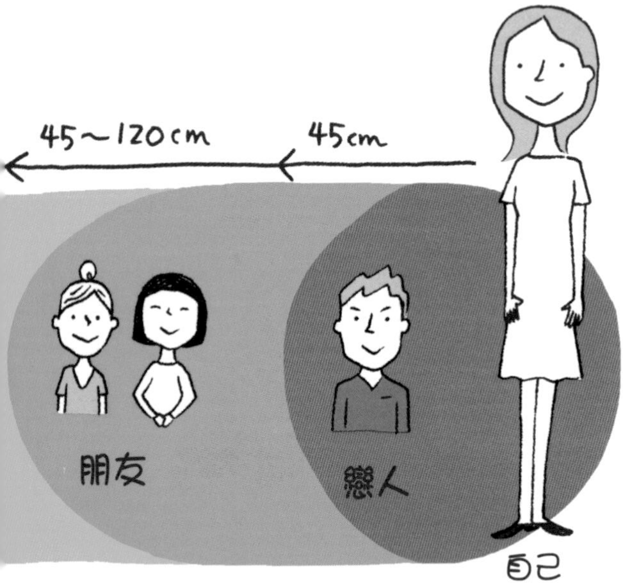

1 親密距離（例如戀人等）

近接相

（0～15cm）

直接碰觸到對方身體、或是馬上就能碰觸到的極近距離。配偶、戀人或家人等，非常親近的人才被允許接近的距離。

遠方相

（15～45cm）

能夠以臉、手、腰、腿等，碰觸到對方的距離。如果陌生人靠近至這個距離時，會出現不舒服或不悅的情緒。

4 公共距離（例如演講會等）

近接相

（3.5～7m）

基本上看不見對方的模樣，所以無法進行個人之間的交流互動。這就是教室中教師與學生之間的距離。

遠方相

（7m以上）

無法進行個人之間的交流互動。在演講會或大教室中聽課的狀態，聽者與講者之間就是這樣的距離。

3 社會距離（例如商務場合）

近接相

（1.2～2m）

彼此不熟識的人聊天時、和同事進行工作會議時，就是以這個距離為主。由於無法看清楚對方臉上的表情，所以不容易進行較為私密的談話。

遠方相

（2～3.5m）

正式的商務會談、工作洽談等，稍微具備一些形式的人際關係大多保持這個距離。

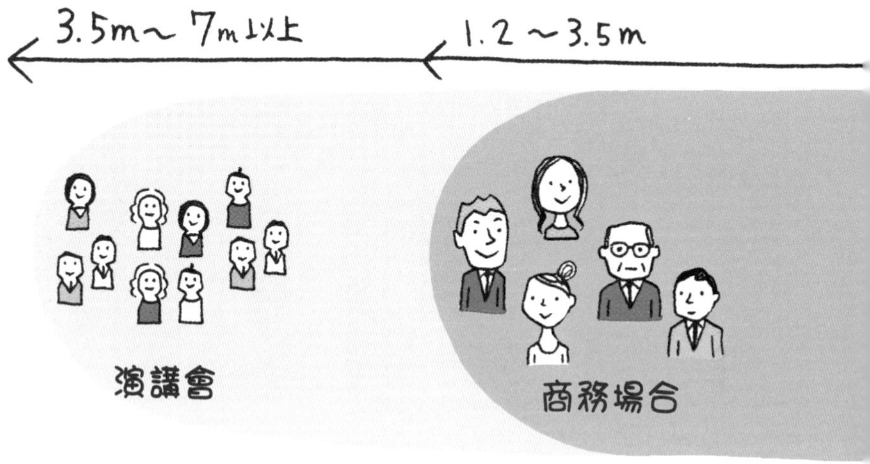

2 個人距離（例如朋友等）

近接相

（45～75cm）

若是伸手的話就能碰觸到對方的距離。如果靠近異性至這個距離，周圍的人就會覺得奇怪。

遠方相

（75～120cm）

彼此都伸手的話指尖會相互碰觸到的距離。由於能夠清楚看見對方臉上的表情，因此在聊比較隱私的話題時，通常就是這個距離。

人際關係 03

無法接受他人任性妄為的行動

正義感或歸屬意識很強烈

提醒自己不要演變成刻意忽視或排除他人的態度

在車站月台或店門口排隊時，看見突然插入隊伍的人；或是以不法手段獲得極為難入手的門票的人等，我們內心會感到「不可原諒」也是理所當然。

不過，有時候擅自行動者並不是從事非法行為，而是像前一個主題「無法融入團體中」的人，只是希望逃避令人窒息的氛圍而自由行動，或是偶爾偏離一下團體規範，以**脫軌行為**＊來紓解心中的煩躁感。

對於這樣的人，如果你也同樣覺得「不可原諒這種擅自妄為的行動」，那你就是屬於**歸屬意識**＊強烈的人。所謂歸屬意識，是一用來**指稱對於自身所處的團體「心理參與的強弱程度」**的詞

WORD 脫軌行為：偏離規則、基準或規定等正軌之外的行為。脫軌行為有時候也會促使團體的改革和創新，不能一概而論「脫軌行為就是不好」。

覺得「無法原諒」的心態與正義感

如果認為擅自行動者是「不可原諒的」此種心情過於強烈，很容易形成「他是邪惡的、我是良善的」之善惡二元對立心態（分裂＝splitting）。

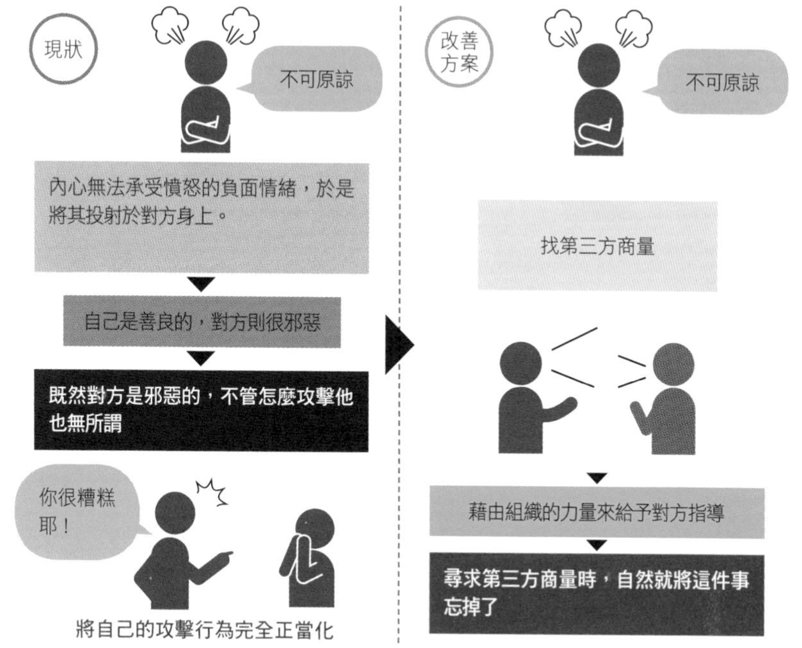
現狀
不可原諒
內心無法承受憤怒的負面情緒，於是將其投射於對方身上。
自己是善良的，對方則很邪惡
既然對方是邪惡的，不管怎麼攻擊他也無所謂
你很糟糕耶！
將自己的攻擊行為完全正當化
改善方案
不可原諒
找第三方商量
藉由組織的力量來給予對方指導
尋求第三方商量時，自然就將這件事忘掉了

彙，歸屬意識愈強的人，對於該團體的**忠誠度**也就愈強。

只是，對於擅自行動的人，我們可以提供個人的建言和指正，或是藉由組織的規章或資源給予指導，盡量避免以刻意忽視、排除或是口出惡言的方式來處理。這種做法不僅會使你樹立許多不必要的敵人，而且**如果團體規範過於嚴格，也容易導致人心反彈的情況發生**。一旦反彈聲浪益發強烈，該團體本身的運作也難以順暢進行下去。

小知識 遊戲之中也有團體規範

即使是日常的遊戲，也有團體規範在其中發揮作用。例如，當每個人都不認同剪刀贏過布、石頭贏過剪刀、布贏過石頭的規則時，「剪刀石頭布」這個猜拳遊戲就無法成立了。

WORD 歸屬意識：覺得自己是某個組織、團體或社群的成員，例如國家、種族、公司、學校或地區等，是一種對於自我狀態的認知。

心中會期待他人的回報

感謝言詞、喜悅感、安心感也是一種豐厚的報酬

您請坐
一句謝謝也沒有……
咻－地

人際關係是建立於付出與報酬的交換之上

有些人在出手幫助他人、向他人表達善意之後，心中會期待對方能夠有所回報，他們認為：「我親切地幫助了對方，所以對方以物質來表示感謝也是當然的。」根據社會學家**霍曼斯**（George C. Homans）的**社會交換理論**＊，人際關係也是透過**付出**與**報酬**＊的交換而成立，因此要求他人回報自己的付出或幫助，並不是一件錯誤的事情。

只是，當這種想法進一步發酵，轉變成責備對方「明明我幫了你，為什麼沒有回禮表示感謝？」的話，就顯得有些過分了。這種心態可能會招致對方的反感，甚至使感謝之情煙消雲散。

WORD 社會交換理論：以交換關係來解釋人際關係的理論。重視精神價值和心理報酬，例如幫助、善意、情感、尊重等，都可以交換到與之等值的回報。

經濟性交換與社會性交換

就像買東西時要付錢一樣，對於心理上和精神上的付出也需要等值的回報。

經濟性交換

獲得與金錢等值的商品或服務。

金錢
1000
A
B
商品或服務

社會性交換

心理上、精神上、人際關係上、金錢上的付出，能夠獲得等值的心理、精神或人際關係上的報酬。

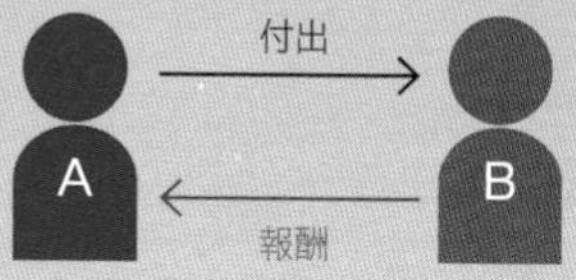
付出
A
B
報酬

●例如，邀請對方一起去主題樂園約會的情況

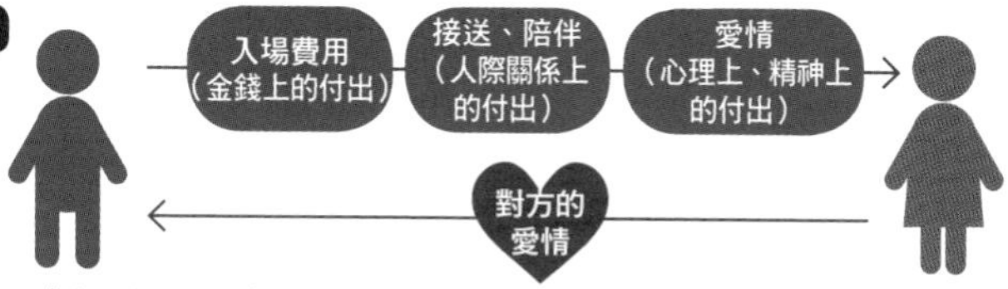
社會性交換
入場費用（金錢上的付出）
接送、陪伴（人際關係上的付出）
愛情（心理上、精神上的付出）
對方的愛情

這就是以入場費用（金錢上的付出）＋接送、陪伴（人際關係上的付出）＋愛情（心理上、精神上的付出）等成本，來換取對方愛情（心理上、精神上的報酬）的「社會性交換」。

※在社會性交換的情況中，不管是付出或報酬，經常都是與心理、精神或人際關係層面有關，例如幫助、善意、愛情、尊重、服從、忠誠等。

所謂報酬，不只有**物質性的報酬**，也有**心理性的報酬**。在朋友煩惱的時候伸出援手，雖然朋友只有以言語在口頭上表示感謝，不過這些**感謝的話語、幫助朋友而獲得的滿足感、喜悅感和安心感等，其實就是一份相當豐厚的報酬**。

另外，以此事為契機，或許將來換你遭遇到困難時，就是由這位朋友伸出援手回過頭來幫助你。因此，不要只專注於要求眼前的回報。

用這招！ 心理技巧……

以長遠的眼光來看待回報

有句諺語說：「與人方便，自己方便。」意思是善意最終還是會回報到自己身上，因此我們應該善待每個人。如果你平時就善待別人，當處於危急關頭時，或許就會有人出面幫助你。我們應該以長遠的眼光來看待回報。

WORD 報酬：在決定採取何種行動時扮演著相當重要的角色，相應於自己所付出的工作、勞動或服務，能夠交換獲得的金錢、物品或服務等。

容易將問題歸咎於他人

總是將失敗的原因歸咎於自身之外

以失敗為教訓，人才會獲得成長

工作上遭遇失敗、和朋友或認識的人吵架時，你會覺得是自己要負起責任嗎？或是，你會把問題歸咎於對方、同事或環境因素上呢？如果你認為問題是出在自己身上，你是屬於**內在控制型**＊的性格；若你覺得問題是出在對方、同事或環境因素上等，那麼你屬於**外在控制型**＊的性格。

外在控制型的人，認為失敗的原因是在自身之外。因此，即使犯了錯誤，也會轉而責怪別人，例如「上司的指令不對」，或是歸咎於「時間點不好」、「無可奈何」等外部因素上。特別是當他人犯錯或失敗時，更會責備對方「為什麼你會犯那種錯誤？」、「都是你的疏忽」、

WORD 內在控制型：將成功或失敗的原因歸結於自己身上的性格類型。認為自己可以掌控那些無法觸及或能力不足以應付的人事物，將所有失敗或錯誤的責任扛在自己身上，很容易累積壓力。

內在控制型性格與外在控制型性格的行動特徵

根據赫胥和謝比的研究以及喬等人的研究，內在控制型和外在控制型的人，分別具有下列的行動特徵。

內在控制型

認為自己能夠控制自身所處的狀況。

1. 心中懷抱著優越感（自認比其他人還要優秀）
2. 具有持久耐力
3. 給別人留下好印象
4. 理性思考能力、社會適應力很高
5. 對自己有自信，自尊心也很強

我一定會想辦法
做到的！

外在控制型

認為自己無法控制自身所處的情況。

1. 相較於內在控制型者，比較不容易獲得他人信賴
2. 比起內在控制型者，對於自己較沒有自信
3. 對他人抱持著深刻的懷疑
4. 很容易放棄
5. 由於不願意擔負起責任，容易導致他人反感
6. 具有武斷行事的傾向

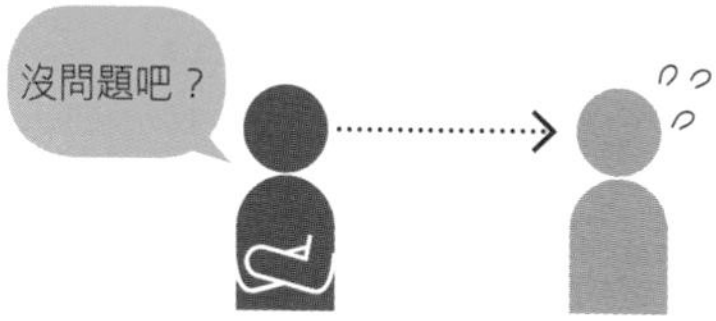
沒問題吧？

「你負起責任吧」等，絲毫不留情面。

由於這類型的人對於不好的結果不太會感到負有責任，因此不容易累積壓力或罪惡感，心情的轉換也很快速，是此種性格的優勢所在。而另一方面，他們**不會去探究失敗或問題的原因，缺乏解決對策的思考，所以會不斷重複同樣的失敗或錯誤**。如果自覺是外在控制型性格的人，建議好好地接受失敗和問題，以失敗為教訓才能夠進一步改善自我，建立起反省思考的習慣。

小知識 外在控制型者的人際關係

從他人的角度看起來，外在控制型的人往往是「對自己好、卻對他人嚴格的傢伙」，因此彼此很難有真心深刻的交流。如果你自認屬於外在控制型的性格，對於失敗或錯誤，請積極地表示道歉、將反省的話語說出口吧。

WORD 外在控制型：將成功或失敗的原因歸咎於自身以外的性格類型。不認為自己能夠控制自身所處狀況，例如遲到時會以「因為電車誤點了」為藉口的類型。心中不容易累積壓力。

如何構築起良好的人際關係？

採取相對應於各式情況的言語或行動

最近，我媽媽的身體狀況不太好……
感冒了嗎？真擔心啊！
大概是更年期吧
她很容易疲倦，真是令人擔心
這樣啊……真辛苦……
我老媽也是類似情況，所以我就主動多幫她做一些家事囉
這樣啊
不用覺得沮喪啦，我隨時聽妳訴苦啊！
謝謝
謝謝
真是令人安心呀……

站在對方的立場來傾聽

若希望構築起良好的人際關係，首先必須獲得對方的信賴。因此，在雙方對話的時候，有幾個必須多加留意的地方。

其一，我們必須把重點置於**同理的瞭解***之上，站在對方的角度來傾聽。所謂同理的瞭解，是諮商心理師或心理醫師經常使用的手法，是一種**全面地貼近對方、綜合性地理解對方心中抱持的煩惱或問題的方法**。不是自己單方面的滔滔不絕，而是藉由傾聽對方的訴說，讓對方覺得「我被完全接受了」，進而增加對你的信賴感，好感度也隨之提升。

當你擔任傾聽的一方時，如果能夠適時回應、點頭表示理解，或是「哇——」、「真是厲害呀」

WORD 同理的瞭解（empathic understanding）：臨床心理學家卡爾・羅傑斯（Carl Ransom Rogers）提倡的心理諮商手法之一。諮商心理師完全接受諮商案主（患者）的情緒及感受，彷彿就像是自己的事情一樣。

以真心話來攻陷對方

當你主動跟對方聊起自己較為隱私的話題時，對方會認為這代表了你將他視為親密的朋友，進而也對你抱持一份特別的親近感。

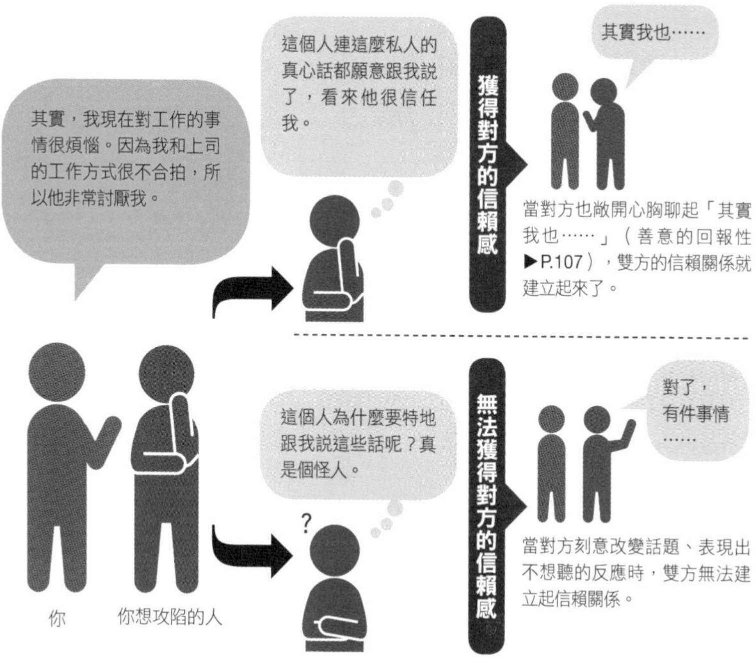
其實，我現在對工作的事情很煩惱。因為我和上司的工作方式很不合拍，所以他非常討厭我。
這個人連這麼私人的真心話都願意跟我說了，看來他很信任我。
獲得對方的信賴感
其實我也……
當對方也敞開心胸聊起「其實我也……」（善意的回報性▶P.107），雙方的信賴關係就建立起來了。
這個人為什麼要特地跟我說這些話呢？真是個怪人。
?
無法獲得對方的信賴感
對了，有件事情……
當對方刻意改變話題、表現出不想聽的反應時，雙方無法建立起信賴關係。
你
你想攻陷的人

表現出適切的驚訝或讚美之語，效果又會更好。

點頭行為又稱為**同步***或是**同調舞蹈**。所謂同步，意指**在同意對方的話語的同時，進一步在聲音語調及情緒上配合對方的狀態**。在對方想要強調的內容或是關鍵處大大地點頭，其餘鋪陳的部分則是輕輕點頭等動作，配合當時的情景作出相應的反應。

用這招！　心理技巧……

身體同步

當對方移動身體時，自己也做出同樣的動作，這種雙方同時做出相同動作的情況，就稱為身體同步（Body synchrony）。當你在心理上與對方同步時，就會在無意識中出現這種情況，有時候藉由刻意與對方做出同樣的動作，就能夠在不知不覺間獲得對方的好感或青睞。

WORD▶ 同步（synchrony）：自己逐漸與對方在用字遣詞、說話方式或動作等方面愈來愈相似，容易出現於配偶、戀人或朋友等較為親密的關係中。有時候透過刻意地模仿對方，能夠使對方感覺到親近感。

人際關係 07

想要與對方更加親近

藉由「自我揭露」技巧，縮短與對方的距離

藉由自我揭露的方式縮短與對方之間的距離

先運用**同步**（▼P95）技巧來擄獲對方的心，接著再以**自我揭露**（▼P51）的方式更進一步縮短與對方之間的距離吧。自我揭露是一個心理學用語，意味著**將自己內心真實的想法或隱私的事情等，直率不造作地傳達讓對方知道**。例如「其實我父親在我很小的時候就過世了，所以我特別容易喜歡上大叔類的人」、「我在職場上與人對立，應該怎麼做才好呢？」等，跟對方聊起一般難以啟齒的私人話題，對方就會感覺到「自己受到信賴」。

這些較為隱私的事情，如果沒有一定程度的信賴關係是無法說出口的，**當你向對方自我揭露時，這就是一種代表你信賴對方**

自我揭露必須搭配適切的時機點

在擁有對方好感的情況下，搭配雙方關係的進展程度、在適切的時機點來進行自我揭露。

我的興趣是騎自行車
跟對方聊起自己的興趣
你的興趣是？
我喜歡登山
對方也很容易聊起自己的興趣
重點在於搭配雙方關係的進展程度來進行自我揭露，慢慢地縮短彼此距離。
沒什麼特別興趣……
你的興趣是？
完全沒有聊自己的事情
你的興趣是？
啊，沒什麼特別興趣耶……
話題無法延續
首先請先聊自己的事情（自我揭露），一邊觀察對方的反應，一邊向對方提問或是改變話題等。

⚠ 自我揭露是一種自發性的行為，並不是用來脅迫、強制對方也要自我揭露的做法。

的證據。當一方先聊起自己較為私密的話題，對方也會受到觸動，「既然你都分享了那麼多，那麼我也聊一聊自己的事情吧」，敞開心胸與你分享相同程度的私密話題，這種情況，就稱為**自我揭露的回報性**＊。

但是，自我揭露技巧並非在所有的情況中都能派上用場。面對幾乎沒有任何交情的人突然就聊起深入的話題，有時反而會造成反效果。自我揭露必須搭配雙方關係的進展程度，在適切的時機點進行才能收到正面效果。

小知識　話題不斷重複是NG行為

自我揭露時，必須要多加注意的地方，就是避免多次重複提起相同的話題。不記得跟對方聊過什麼話題，容易使對方覺得自己其實並沒有受到你的重視，兩人之間的關係也無法獲得任何進展。

WORD ▶ 自我揭露的回報性：相應於自己揭露的資訊，對方也會回應相同程度的資訊的法則。當你向對方打開自己的祕密之窗（▶P.51）時，對方也向你開啟祕密之窗的可能性很高。

以動作和表情傳達自身的情緒或情感

透過說話的樣子、手勢（肢體動作）、表情、視線等來傳達訊息的方式，稱為非語言溝通（Non-verbal Communication）。在不使用語言的情況下就能夠將心情或想法傳達給對方理解，但是從另一面而言，在無意識之中的動作和表情，也會傳遞出意想不到的訊息。

手勢（身體動作）的分類

藉由身體各個部位的動作（例如手臂、手掌、手指、腿部和頭部等）來表現出想法或情緒，稱為手勢動作。美國心理學家艾克曼（Paul Ekman）將手勢動作區分為以下5種類型。

符號（象徵法）

代替言語的身體動作。以手指圈起來表示圓形物品，與言語具有相同的機能和性質。但是，如果不符合該文化或社會共同認知的意涵，雙方就無法順利溝通。

肢體語言的動作

例如在說明「街角向右轉……」的時候手會朝向右方，這就是本身不具意義，但是希望能夠幫助對方理解話語內容的動作。有時是刻意做出的動作，有時則是無意識中做出的動作。

調整的動作

以點頭來表示理解對方的發言、以語尾上揚表示疑問來讓出發言權等，這是能夠使對話更加圓滑的調整動作。視線接觸也包含在其中。

情緒表現

以臉部表情表現出內心情緒，可大致區分為6類：幸福、嫌惡、驚訝、悲傷、憤怒、恐懼。能夠超越不同文化，是人類共同的溝通方式（請參照下表）。

身體操作

運用身體某個部位來進行的動作，例如搔頭、玩弄頭髮、摸影子、手指轉筆等，通常是在無意識之中進行、不具規則性。

表情的分類

一般認為，臉部表情能夠顯示出一個人內心的情緒狀態。心理學家艾克曼主張，從表情上能夠顯示出的情緒可區分為6大類，這是超越各種文化、所有人類共通的溝通方式。

表 5種文明判斷照片表情與情緒的一致程度之調查

以下5個國家的人，從A～F圖的各種表情之中，來推測圖中人物分別呈現何種情緒。數值代表正確回答率。

情緒分類	A 幸福	B 嫌惡	C 驚訝	D 悲傷	E 憤怒	F 恐懼

美國	97	92	95	84	67	85
巴西	95	97	87	59	90	67
智利	95	92	93	88	94	68
阿根廷	98	92	95	78	90	54
日本	100	90	100	62	90	66

※數值單位%

（資料來源：艾克曼，參照1973年的研究資料製表）

經常與別人點相同的菜色

第一個點菜的人屬於領導性格

點餐方式會顯示出人的性格

從一個人在餐廳或居酒屋的點餐方式是能夠顯示出他的真實性格的。舉個例子，假設你們有幾個人一起聚餐，此時，你會採取的行動，是以下哪一種模式？

①第一個點餐者：看了菜單（或是甚至沒看菜單）就第一個點餐的人，就是該場合中的領導者，身上擁有帶領大家前進的領導人性格和資質。

②和他人點相同的餐點：**從眾行為**（▼P34）的表徵，或是也可以解釋為怕麻煩的人。在團體中的配合度很高，經常扭轉自己的想法或意見，來配合核心成員或多數派的意見及行動。害怕自己被排除於團體之外，容易贊

心理檔案 5

米爾格倫的從眾行為實驗

實驗 美國心理學家米爾格倫（Stanley Milgram）在紐約進行了以下這個實驗。

1 安排3名實驗助手在路邊抬頭望向某一棟大樓，原地站立不動

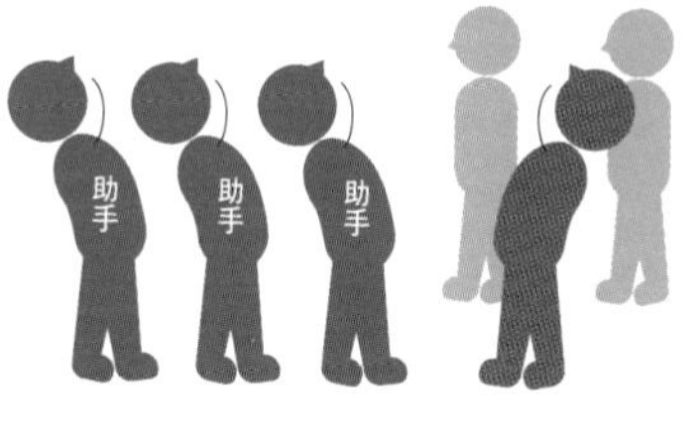

看見這個景象的路人，大約有6成的人會停下腳步、抬頭望向同一棟大樓

2 安排6名實驗助手在路邊抬頭望向某一棟大樓，原地站立不動

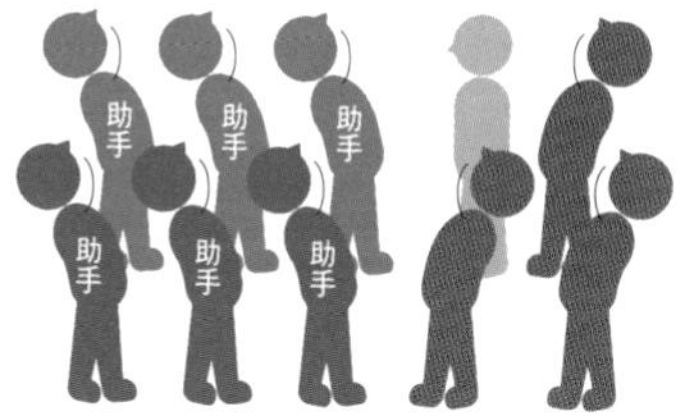

看見這個景象的路人，大約有8成也停下腳步、抬頭望向同一棟大樓

結果 當實驗助手的人數愈多，受到他們行為影響、採取從眾行為（與他們做出相同行動）的人也隨之增加。

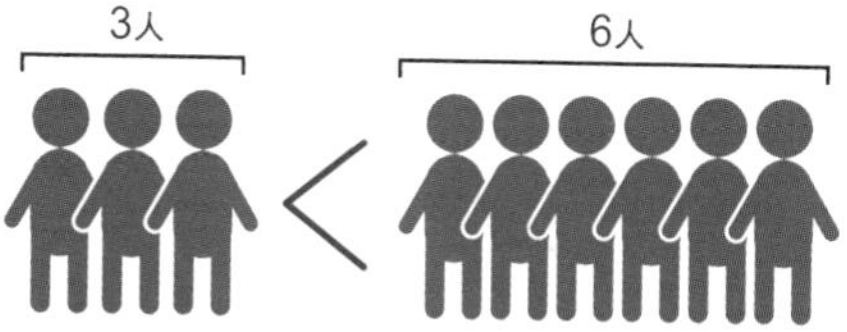

同他人的意見，不會堅持自己的想法或意見。

③與他人點完全不同的餐點：把「我*」看得很重要的自信者。合作度和配合度較低，對於自己抱持強烈的自信，不太容易受到周圍的影響。

假設你屬於②的類型，建議你可以慢慢地釋放出自己的意見，在聚餐時嘗試點看看和大家不一樣的餐點。**配合度太高的人，不僅不容易獲得周圍的信賴，甚至也可能面臨被排除於團體之外的危險性。**

小知識 偶爾也點一下相同的餐點

如果你是屬於③的類型，有時候請試著稍微壓抑自我，偶爾也和大家點相同的餐點吧。在組織團隊時，如果被判斷為「難以相處者」，很可能會因此被排除在團體之外喔。

WORD 我：自己、自我。重視「我」的人，通常會堅持自己的想法、意見或原則，不會輕易服從他人的意見、意圖或想法。

人際關係 09

覺得「只有自己格格不入」

公眾自我意識和內在自我意識之間的差異矛盾

偶爾也要吐露自己的真心話

在職場、學校或是一群朋友之中，你是否曾經覺得「只有自己格格不入」呢？如果你會為此感到煩惱，那你屬於**公眾自我意識***強烈的人；若是你不在意自己是否融入、甚或是發現自己和他人不一樣時會沾沾自喜，那你就是**內在自我意識***較強烈的人。

所謂的**自我意識**可區分為兩種：在意他人視線的公眾自我意識，以及重視自身情緒、感受及需求的內在自我意識。「周圍的人是怎麼看待自己的呢？」當這種公眾自我意識過於強烈時，就會**極端恐懼自己是否與周圍格格不入**。由於不斷迎合他人的意見、壓抑自身的喜好或想法，因

WORD 公眾自我意識（public self-consciousness）：一種在意周圍及他人視線的自我意識，例如「我在別人眼中看起來怎麼樣？」。比較重視自身容貌或外在，也可說是對自己較為嚴格。

心理檔案 6

化妝與積極性

實驗 任命一名女學生為街頭採訪的採訪人員，分別以完全未化妝的素顏狀態及由專業化妝師化妝之後進行採訪，觀察兩種採訪情況是否有差異。

結果 由專業化妝師化妝之後的女學生，在擔任採訪者時，很明顯地更加積極接近路人進行採訪。這是因為她認為自己比起素顏時變得更漂亮了，因此能夠以積極的態度面對陌生人。

公眾自我意識與化妝

公眾自我意識強烈的人，會意識到自己一直暴露於他人的視線中，因此大多具有重視化妝的傾向。

妝容完美的情況	妝容不完美的情況
↓	↓
從化妝中獲得自信	**無法獲得自信、頻繁補妝或改變妝容**

此一直呈現欲求不滿的狀況。偶爾不妨試著表達出內心的**真心話**，或是表現出自身的喜好和興趣，不必過度擔心周圍他人的視線和看法。

相反地，若是內在自我意識過於強烈，導致「**我是……**」或「**我想……**」**的自我主張太強勢，反而難以與他人共同合作**。雖然心中不容易累積壓力，但是很容易被認為是「配合度很低的人」，對於工作和人際關係而言，這絕對不是優勢。

小知識 適度妥協也是必要的

內在自我意識強烈的人，姑且不論信念或人生觀，如果是工作或日常生活中的事情，建議在適當的地方表達贊同他人意見、偶爾妥協讓步一下，人際關係上的互動會更加順利。

WORD 內在自我意識（private self-consciousness）：重視自身情緒、感受和需求等的意識。由於過度堅持自己的主張、不容易向外界妥協，經常被周圍認為是難相處的人。

人際關係 10

非常在意他人的評價

獨特的意見和見解，更容易獲得他人好評

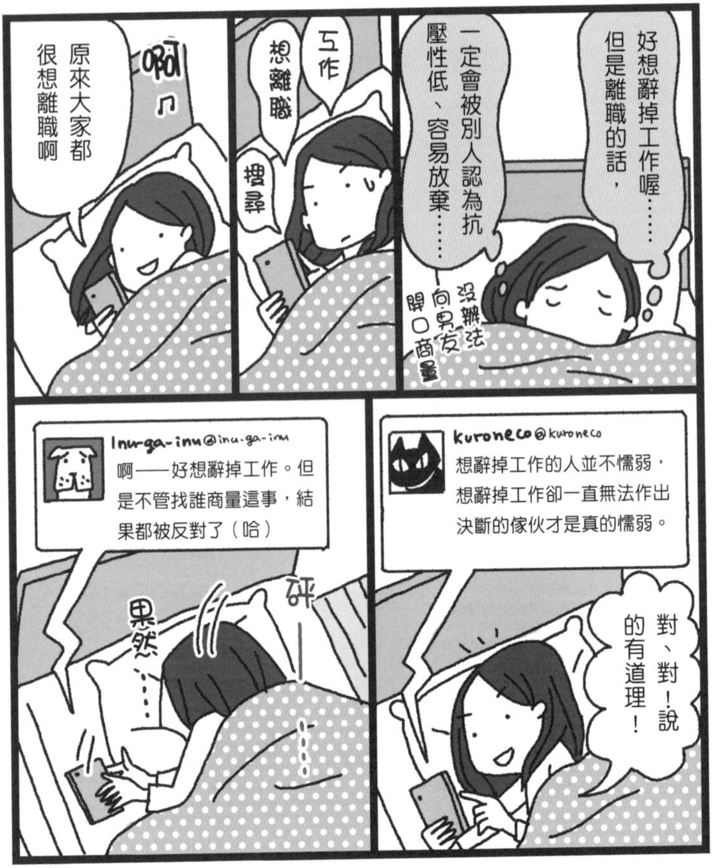

過分在意人際關係、過度察言觀色

非常在意及擔心他人評價的人，有著幾個共通的傾向。**第一個傾向是前項介紹到的公眾自我意識過於強烈**，公眾自我意識是在建立良好人際關係不可或缺的重要特質，但如果這種意識太過強烈，就會過度在意周圍的評價，具有迷失自我的危險性。

另一個傾向是**人際認知**＊的需求過於強烈。由於心中「希望獲得他人的認可」，因此渴求全面地了解對方的想法、欲望、性格、能力等個人特質，**太過在意人際關係、察言觀色，或是過分依賴特定的對象等**。

不管如何，若是過分重視人

WORD 人際認知：根據他人的容貌、外表、行動、相關情報或傳言等，藉以了解那個人的性格、態度、能力等所有特質的行動。

人際認知過於強烈，導致手機成癮症

根據某間資訊安全公司的調查，日本女高中生平均1天使用智慧型手機或一般手機的時間高達7小時左右。

女高中生使用智慧型手機的目的，大部分都是藉由LINE或Twitter等社交軟體來和朋友聯繫交流。她們規定自己在讀過訊息的幾分鐘之內就要回應，因此在學校的下課時間、上下學途中也會頻繁地確認手機訊息。

當公眾自我意識或人際認知的需求過於強烈，往往一整天都與他人緊密相連，生活反倒被人際關係所掌控、疲於奔波。

如何擺脫手機成癮症

1. 首先必須理解到，當自己過分地迎合他人時，無論如何都無法獲得對方的認可和尊重。
2. 無論是多麼細微的小事也好，慢慢地建立起自信。
3. 適當地表達出自己的意見和主張。
4. 理解到抱持著獨特的意見或主張的人，往往更容易受到周圍的好評及肯定。

際關係的話，就會被它束縛住，隨時隨地都意識著他人的眼光而生活。**當獲得周圍的人認同變成最優先事項時，自己心中真正想做的事情或工作等，甚至連生活上不可缺少的重要事情都被擺在後頭了。**

具有這種傾向的人，沒有必要勉強自己去迎合周圍的人，學習找到其中的平衡點非常重要。相較之下，能夠主張獨特意見、見解的人，可能反而更容易獲得周圍的好評。

小知識　盲目贊同的屈從式從眾行為

在費盡心思對周圍的人察言觀色時，最後往往會變成壓抑自身意見和需求，只是一味盲目地贊同他人意見和想法（屈從式從眾▼P35）。

人際關係 11

感到不擅長與他們往來的人很多

積極主動搭話、多表達感謝和讚賞的話語

無法妥善處理人際衝突

人際關係是各種不同**個性**＊的相遇和碰撞，在相互磨合的過程之中，會產生各式各樣的矛盾。若是自己不擅長相處的人一多，我們可能就無法妥善處理其中的矛盾和衝突。

如果是不常遇見的人就沒關係，但如果對方是在同一個職場或學校的人，即使自己不擅長與對方相處也無法避不見面，必須設法做出一些讓步和妥協。首要的具體對策，就是**主動去跟那些自己不擅長相處的人搭話聊天。向對方搭話的這個行動，本身就傳達出「想和你好好相處」、「想了解你」的訊息**，因此對方通常會爽快地回應你的話題。

第二，**積極地向對方表達感謝或讚賞的言詞**。如果你有不擅

WORD 個性：賦予個人獨特風格的特徵。個人或個體的特有性質，（關於人的個性）也稱為人格（personality）。

如何與不擅長相處的人打好關係

不管是誰，都會有不擅於相處或不喜歡的對象。對於職場的同事、學校同學等，無法忽略或避而不見的對象，好好傾聽對方說話也是一個不錯的應對方式。

交出對話主導權以了解對方的方法

1 適當地「出聲附和」和「點頭」表示理解

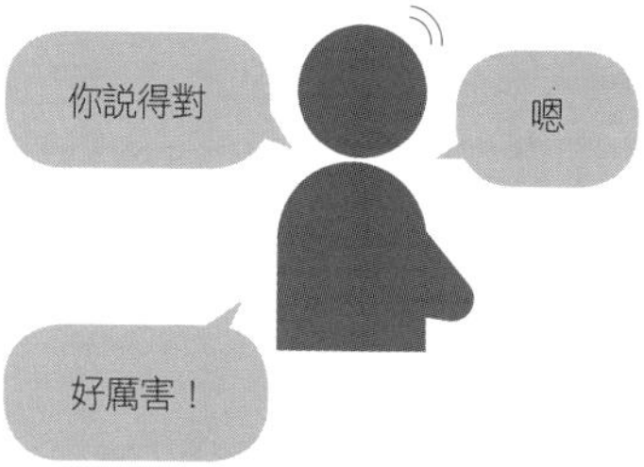

2 即使是自己大略知道的話題，也表現出「我不太清楚，請告訴我吧」的模樣。

如果你不擅長應對或不喜歡對方的理由，是因為先入為主的成見或第一印象所造成，那麼就可以藉由多次對話的過程更加了解對方的性格，有時候那些令你覺得棘手的理由就會自然地消失了。

長相處的同事或朋友，盡量去發掘對方的優點，並且以「好厲害啊」、「恭喜你」、「真是辛苦了」等讚美來表示欣賞。不管是誰，都不會因為受到表揚而生氣難過。也許對方在一開始會感到困惑或懷疑，但是當你多次真心讚美之後，他們的心中也會對你產生好感。

人們會以善意來回報善意（善意的回報性＊），因此對方也會有很高的機率對你表示讚美。

用這招！心理技巧……

不要吝惜寒暄和感謝的言詞

建立良好人際關係的基礎，就是不吝惜應該有的言詞。寒暄打招呼、傳達感謝的話語、安慰、道歉、激勵等，將應該說的話語好好地說出口。不這麼做的話，人際關係就會開始逐漸惡化。

WORD 善意的回報性：接受對方的善意之後，心中就會抱持想要回報對方同樣善意的心情。

人際關係 12

想知道自己是否受到他人喜愛

只要看動作，就能了解對方的心理

可以坐這裡嗎？
嗯!?
可以啊
特地過來坐在我旁邊，難道是……？
你不覺得這堂課很難嗎？我啊，完全跟不上老師說的內容……
對啊
心動
這個是機會嗎……？
這堂課我還算是能夠應付吧，還是找機會我教妳？
咦，可以嗎!? 謝謝你
我們要約哪時好呢？
那一天我要打工……
這情況，難道是……？

腳尖和膝蓋的方向很重要

人們藉由姿勢、手勢或**肢體動作***等方式，發送出各式各樣的訊息。就連對方是否對自己抱持好感，也能夠從這些細微表現中解讀出來（▼P182）。

例如，當你坐在長椅上和某人說話時，藉由觀察對方的腳尖和膝蓋朝往哪個方向，就能夠辨別出對方對你抱持好意的程度。**如果腳尖和膝蓋朝向你，就代表對方對你抱有好感**；若是朝往和你相反的方向，顯示出對方可能對你不太關心，或是想要遠離你的心理狀態在起作用。

此外，在路上或派對會場等地方遇到認識的人時，當對方主動向你靠近（尤其是進入到你的

WORD 肢體動作：意指身體的一些小動作。與表情和視線並列，都是非語言溝通的代表。有時候，比起語言，動作更能夠表達自己的真心。

提升好感度的交換名片方式

與人初次見面時經常會交換名片，以下方法能夠在交換名片的時候提升對方對你的好感度。

1 兩人中間不要出現障礙物

如果和對方之間隔著桌子等障礙物，和對方的距離就會變得遙遠，便會很難進入其內心。
桌子本身成為心理上的屏障，給人一種冷淡、抗拒的感覺。

➡ 建議繞到桌子的左方或右方，靠近對方之後再遞交名片。

2 突破進入對方的領域

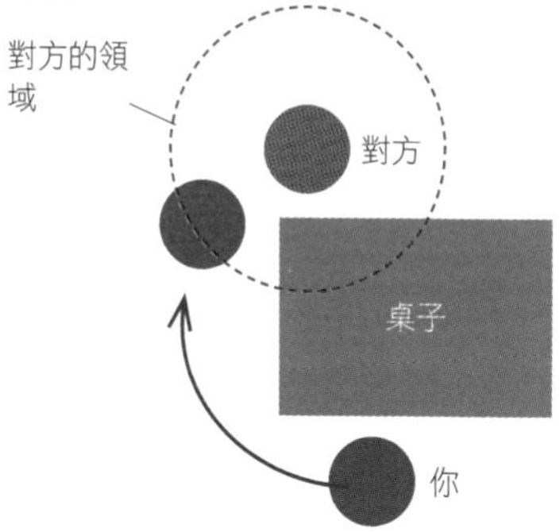

每個人都擁有一個屬於自己的領域（個人空間）。當對方與自己接近時，大約在兩個人的正中間位置，就是個人空間與個人空間之間的界線。

▼

越過這道界線接近對方，遞上名片，能夠展現出「我很想和你聊一聊」、「我想和你認真談生意」的積極態度。

個人領域＊）時，可以藉此判斷對方心中是對你抱有好感，或是有想要拜託你、告訴你的事情。

相反地，**如果對方並未靠近你，只是遠遠地向你行禮致意的話，可能代表兩種情況：一種是對方討厭你、拒絕你，另一種則是內心尊敬你的表現**。至於到底是哪一種？這就要根據其平時的言行舉止和態度來加以判斷了。

用這招！心理技巧……

和初次見面的人變得親近

若想要和初次見面、不太熟悉的人變得親近，就必須嘗試多接近對方。當你愈來愈靠近對方，就愈能夠感覺到親近。交換名片的時候也是，盡量走到對方的面前再遞出名片，這麼做更能夠使人覺得親切，拉近彼此距離。

WORD＞ 個人領域：指一個人所擁有的個人空間。通常在自己和對方的中間可以劃分出界線，越過那條界線接近對方，能夠令對方留下較為深刻的印象。

人際關係
13

有時候會覺得自己被討厭

傲慢的人，容易以輕視性話語貶低他人

看似在回應對方的煩惱，其實只是自我炫耀

除了一部分的人以外，大部分的人都不希望自己被討厭，但是**由於自己在無意中說出傷害他人的話語，結果使得自己被周圍討厭的人卻不在少數**。舉例而言，當朋友或親近的人找你商量煩惱時，你是否也曾經回答過「這種事情很常見啦」之類的話？或許你的本意是想要鼓勵對方，但是導致對方覺得不悅的可能性反而提高。

這是因為，這句話中**帶有「我比你更了解這個世界」或「我的經驗更加豐富」的涵意**，對方會敏感地察覺到你心中的這份**傲慢**（▼P75）。

另外，面對前來找你商量煩惱的人時，最好也不要給予「你只

傲慢症候群的症狀（摘錄）

曾任英國外交部長、衛生部長，同時也是精神科醫師的大衛・歐文（David Anthony Llewellyn Owen）提出「傲慢症候群※」的概念，請檢視自身情況是否符合以下的病例描述。

- ☑ 在做任何事情之前，首先要確認自己是否能夠被他人清楚看見。
- ☑ 非常在意自己的形象和外表
- ☑ 對於自己的判斷過度有自信，有時候會看不起他人的建議和批判
- ☑ 過於相信自己的能力，自認為「我擁有接近無限的力量」。
- ☑ 不慌不忙，但有時候會不顧後果地衝動行事
- ☑ 「我所做的事情在道義上是正確的，所以關於實用性、成本或結果等方面，不需要太過認真去檢討」有時候內心會抱持這種想法。
- ☑ 在推動工作項目或計畫時，由於容易忽略基本事項、不重視細節和步驟等，結果導致失誤或失敗。

如果以上有符合你情況的描述，試著重新審視自身的言行舉止吧。或許在你沒有注意到的地方遭到別人討厭也說不定。

※一種自信過剩的狀態，常見於政治家、經營者、組織領導者等人的身上。

要這樣做就好」的驕傲建議。比起解決方案，商談者更希望你能夠**和他一起煩惱，並且表現出「真是辛苦呀」的同理心＊和理解**。

若是給予建議的一方在地位或年齡方面都處於上位，問題比較少，但是即使如此，面對著期待你表達同理心或同情的人，以傲慢的態度來應對的話絕對是NG行為。如果此時在心中回想起一些事情的人，是否曾在不經意之中說出相似的話語、表現出類似的態度？請試著重新檢視一下自己的言行比較好喔。

小知識 珍視每個人的「無可取代」

「這是常見的事情」的說法，容易被對方理解為「你並不是什麼了不起的人」。不管是誰，都希望能夠成為別人眼中「無可取代的人」。請珍視這份「無可取代性」，在談話時盡量避免否定式的言語吧。

WORD 同理心：與對方共享喜怒哀樂等的情感。在對方高興的時候一起高興、悲傷的時候一起悲傷，這在心理學領域中也是極為核心的概念。

在圖中畫上蝴蝶

Q 在以下2張插畫中，分別各畫上一隻蝴蝶。

A

B

解說➡P187

PART 4

從習慣和動作判別真實性格

日常生活中無意的舉止和言行，
有時候會流露出連自己也察覺不到的真實心意。
懂得理解這些訊息的意涵，
能夠幫助你更加深刻地了解自己。

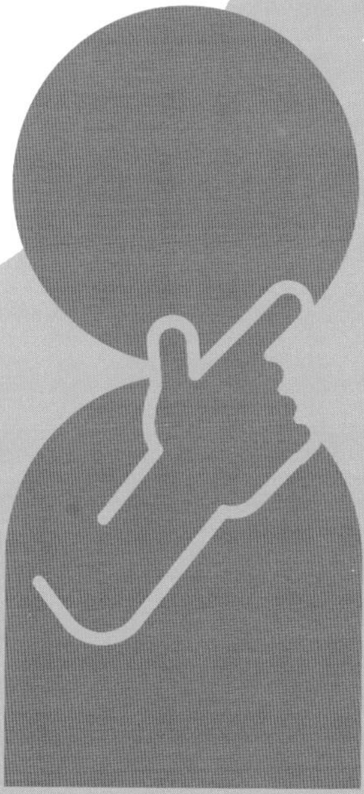

習慣、動作 01

不喜歡他人的言行舉止

總覺得周遭的人輕視著自己的存在

「不喜歡」的背後是有原因的

人們有各式各樣的**口頭禪**＊，此外，在自己渾然未覺之中，其實也有許多其他人看不順眼或特別在意的言行舉止。

舉例而言，在辦公室或打工的職場等場合，會令部下感到不舒服或不開心的上司行為，有如下列描述的情況。①以「喂，你」或「那個……」來叫喚他人，而不是稱呼對方名字、②幫上司倒了咖啡和茶，卻從來不開口回應、③拜託下屬做事情卻一句謝謝也沒有、④刻意碰觸女職員的身體、⑤過分接近他人、⑥總是高高在上的態度、⑦聽下屬說話時總是分心做別的事情等。

除了①之外，這些都是**非語言溝通**＊的典型，共通之處就是

WORD 口頭禪：在無意識中說出口的話語，或是說話時有意識地喜歡使用的言詞。

與部下的良好溝通方式

無論是女性職員或男性職員，在勸說及指導部下、對部下提出忠告的時候，其實有更有效的談話方式。

1 在自己辦公桌附近放置一張椅子 ▶ 2 叫喚部下 ▶ 3 讓部下坐在椅子上 ▶ 4 與對方談話

POINT 1

視線的位置和部下相同

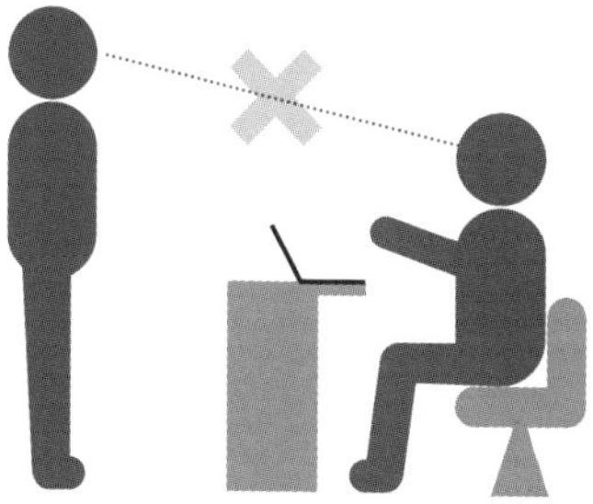

如果讓部下站在桌子前面說話，自己就無法以相同的視線跟對方說話。

POINT 2

拉近自己和部下之間的距離

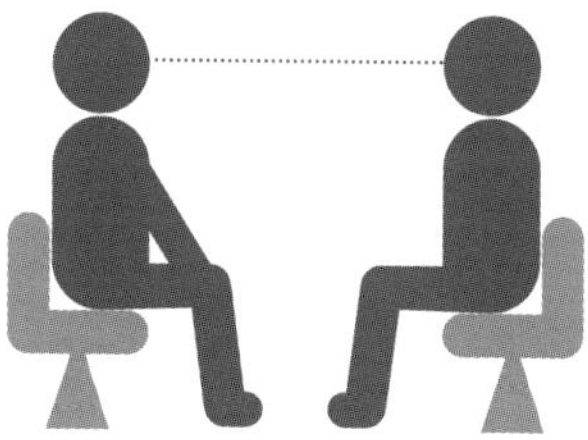

由於雙方距離變得較近，能夠增加親密感、說話的說服力。

令人感受到「我不認為你的存在很重要」的訊息。人對於他人輕視自己的言行舉止，通常會很敏感地做出反應。

相反地，當你處於上司或前輩的立場，如果覺得自己不受部下或晚輩歡迎，請檢視自己是否在不經意之中表現出前述的這些行為。提醒自己，**以名字稱呼對方、表示欣賞和慰勞、將感謝的話語說出口、暫停手邊的工作專心聽對方說話**等，徹底實踐這些「溝通的基本事項」吧。

小知識 **令人討厭的口頭禪**

也有一些口頭禪會惹人嫌惡。「我也有過同樣的經驗」、「我也是這樣走過來的」、「我也曾經是那樣」等，馬上就把「我」置於話語的中心。周圍的人聽起來只是你在自吹自擂的炫耀話（▼P126）。

WORD ▶ 非語言溝通（Non-verbal Communication）：言語之外的形式。例如以表情、視線、肢體動作、行為舉止等來傳遞訊息的溝通手段。

習慣、動作
02

常被別人說打扮很華麗

以強勢的盔甲掩飾內在脆弱的自我？

想以服裝來補足自己

穿著打扮能夠體現出一個人的性格或願望。另一方面，有時服裝打扮和那個人本身給人的印象不一致，就會讓人覺得有哪裡不協調。例如，明明身穿華麗耀眼、引人注目的服裝，卻表現出膽怯、缺乏自信的模樣等情況。

像這樣類型的人，是因為**身體邊界**不夠明確（▼P66），因此缺乏了「自己就是自己」的堅定自我。**身穿華麗的服飾，是他們習慣用來保護自己的手段**。

只是，服裝對於穿著的本人的心理也會帶來影響，有些人會反過來利用這種心理作用，有意識地配合場合穿上華麗的衣服。在這種情況中，因為穿衣者也會努力使自己的言行舉止配得上服

WORD 協調性：理解他人想法和意見，流暢地推進事物發展的能力。在許多人共同協作的團體或組織之中相當重視此一能力。

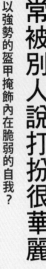

從穿著打扮了解心理

穿著打扮是一種自我演出的方式，同時也是保護自身的盔甲。只要加以觀察，就能夠了解一個人心中「理想自我」的模樣，以及其自卑心結的所在。

身穿華麗的服飾

表達出想要保護自己的心情。缺乏自信，與他人接觸時會感到不安。

佩戴大飾品、很多裝飾

佩戴大飾品，或是在身上穿戴許多配件，顯示出自我表現欲（▶P.82）或是希望讓自己看起來更強大的願望。

晚上也帶著墨鏡

遮住眼睛的行為，表現出想要站在比對方優越的位置的心情。這也可以說是缺乏自信的反面。就女性的情況而言，有時候墨鏡也是演繹「時尚的自己」的小道具。

對於流行很敏感

若是和周圍不一樣的時候會感到不安，具有協調性，但是經常迎合周圍他人，缺乏自己主張的意見。

別具個性的時尚風格

顯示出不想和別人一樣的心態，有時候不太重視與人合作。

臉上總是戴著口罩

並不是因為感冒或預防疾病而戴口罩的人，通常沒有自信、對於人際之間的溝通交流感到不安，或是可能想要避免和周圍的人牽扯上關係。

裝，所以周圍的人看來也不會感覺到有任何不協調。另外，身穿花俏華麗、但是卻不合時宜的服飾，也就是表現出「醒目但惹人厭」的人，通常是無法察覺潛規則，或者是不重視規則、欠缺**協調性**＊的性格類型。

　總是身穿時下流行風格服飾的人，乍看之下顯得相當時髦、具有獨特的個性。不過，那只是一種**同調**＊的心理，其實他們並沒有自己的意見，只是跟著周圍的人隨波逐流罷了。

小知識　髮型或造型不斷變化的人是？

不斷改變髮型和服裝風格的人，代表對於當下的自己感到不滿足，經常抱持著想要改變的想法。如果你是這種類型的人，建議你進行一些訓練來培養自尊情感（▼P74）。

WORD　同調：贊成對方的意見，採取相同的行動。

習慣、動作
03

從喜歡的顏色來了解性格

顏色與心理之間的深厚關係

裕太君，你總是穿著黃色系的衣服耶。
黃色
在不知不覺中，黃色系列的衣服就變多了
聽說喜歡黃色的人，是屬於會努力追尋夢想的人喔！
果然!?
其實我啊，現在以成為專業吉他手為目標努力中
數個月後
裕太君，你今天下午有空嗎？
抱歉，我等一下要去練習舞蹈了
看來也有喜新厭舊的一面呢！
跳舞的吉他手？

顏色對於人類有極大的影響，例如生理上的變化等

色彩與人類心理之間有著密切關係，從近代到現代，對於**色彩心理學**的研究也愈趨深入。在歷史上最先關注顏色和心理關係的人或許可說是德國的文學家**歌德***。在其晚年的《**色彩論**》著作中，介紹了色彩對於人類的心態會產生的影響。

紅色、橘色等暖色系顏色會使人感覺到溫暖及明亮；藍色、白色等冷色系則是相反。我們從具體的經驗來看也是如此。許多研究更進一步顯示，顏色會使人類的心跳數產生變化，或是造成感覺時間變長、變短等效果。目前在工作場所或住宅等許多地方就是利用這種顏色的特性和作

WORD 歌德：18世紀的德國文學家。到了晚年，發表了歷時20年創作而成的《色彩論》。

顏色給人的情感印象，以及從喜歡的顏色看性格

從顏色聯想到的印象，以及喜歡該顏色的人的性格形成，兩者之間有著深厚關係。一個人喜歡的顏色，可說是體現其內心「理想自己」的形象。

紅
熱情、熱烈、積極性、憤怒、焦慮、無法冷靜、喜悅、憎恨
表達出想要保護自己的心情。缺乏自信，與他人接觸時會感到不安。

橙
精力充沛、聰明、快活、社交性、多嘴好辯、喜悅、歡鬧、傲慢
開朗大方、善於交際，此種無微不至的性格反面，也可能會被說成八面玲瓏。喜歡廣泛、淺薄的人際關係。

黃
愉快、活力、明朗、開放、輕快、健康、容易變化的
好奇心旺盛、開朗明亮且具有協調性。由於上進心相當強烈，會努力去追求夢想，不過有時候也容易喜新厭舊。

綠
平靜、安定、穩重、清爽、輕鬆、新鮮、年輕
穩重而保守，協調性上也十分優異。知書達禮，對於周圍的人相當體貼的類型。

藍
理性、平靜、沉著穩重、嚴肅、重視倫理、悲傷、順從、被動的
理性且安靜，喜歡與周圍的人和諧相處，保守的傾向較強烈。在意他人的眼光和評價。

紫
豔麗、威嚴、悲傷、神祕的、魔幻的、孤獨
具藝術家氣質，會明確表達出自己的意見。很愛自己，有時也有較為自戀的一面。

茶色
現實的、有趣、習慣、規矩、自我滿足、可靠的、活力
善於與人交際，可靠且受到他人信賴，但是另一面又顯得保守，不容易接受新的想法。

灰
祕密主義、中立、均衡的、遲鈍、反省的、穩重、溫順老實
謹慎小心、穩重的性格。不太會主張自己的意見，有時也有依賴周圍的一面。

白
純粹、新鮮清爽、冷淡的、冷酷
理想家，安分地遵循規則。有潔癖主義的一面，為了目標會奮鬥努力的類型。

黑
陰暗、陰鬱、不安、具威嚴感、神祕的、否定的、無、反抗
自尊心很高，討厭被別人指使。雖然很努力，但是也有喜新厭舊的一面。

用，以**色彩調節**＊的方式創造出令人感到舒適的環境。

此外，瑞士心理學家麥斯．盧塞（Max Luscher）也指出顏色喜好與性格之間的關聯性（請參照上圖）。若想要了解周圍的人的性格時，或許這可以作為一個參考的基準。另外，根據盧塞的說法，**喜歡的顏色反映出自身的願望及需求、討厭的顏色代表過去、不喜歡也不討厭的顏色則顯示了自己現在的生活**。對於理解自我，或許也能夠派上用場喔。

用這招！ 心理技巧……

在節約能源上也很有效果

據說顏色對於體感溫度也有很大的影響，能夠帶來與實際溫度正負2度的溫差感受。也就是說，冬天以暖色系來布置、夏天則採用冷色系的室內布置，對於節能減碳也能有所助益。

WORD 色彩調節（color conditioning）：利用色彩的心理效果創造出工作職場、公共設施等環境，能夠帶來減輕疲勞、提高集中力及工作效率、防止災害等效果。

習慣、動作
04

你的睡姿是哪一種？

從睡姿中顯現出的性格

睡覺姿勢是無意識之中的心理表現

當人在睡眠狀態時，意識的控制消失了，可以說是處於自己最沒有防備的狀態。當白天忍耐著某些壓力時，晚上就會出現**磨牙***的行為，或是平日的不安和祕密也會成為**夢話***說出口。

不僅如此，各位知道其實睡姿也會顯示出自己的心理狀態和性格嗎？

睡姿是在睡覺的無意識狀態之下呈現出來的姿勢，是對自己而言最能夠放鬆的姿勢。我們的睡姿不會每天都有不同變化，在某種程度上是有著既定模式的。

美國精神科醫師**山繆·丹凱爾**（Samuel Dunkell）在與許多患者面談、觀察他們的睡姿後，發現睡姿與性格之間具有相關性

WORD 磨牙：上下排牙齒過力咬合、相互摩擦的行為。睡覺時的磨牙行為被認為是一種疾病，可能是因壓力、焦慮或咬合異常等原因所造成。

睡姿與性格

從睡姿也能夠了解一個人的性格。你是以什麼樣的姿勢睡覺呢？從以下10種類型中選擇，確認看看自己的性格吧。

胎兒型：**身體側臥蜷縮在一起**
想要被保護的心情很強烈，有依賴父、母親等人的傾向。不太會暴露出真實的自己。

半胎兒型：**側臥，膝蓋輕輕彎曲**
因為容易翻身，身心不容易產生壓力。精神上取得平衡，性格相當穩定。

趴俯型：**臉部朝下的俯臥姿勢**
會細心留意周圍人事物情況的認真性格，另一方面來說，經常會以自己為中心行動及發言。

國王型：**四肢呈大字形**
對自己抱持自信，性格很穩定。由於能夠靈活思考，不太容易和人發生衝突。

犯人型：**側臥，腳踝併在一起**
兩個腳踝併疊在一起，顯示出不安、煩惱或壓力等情況。

人面獅身型：**膝蓋著床，腰部向上提起**
這類型的人大多具有淺眠或失眠的傾向，希望自己能夠早點醒來、盡快採取行動去做某些事。

木乃伊型：**雙手置於胸部前方**
想要保護自己的姿勢。希望獲得平靜的心情很強烈，可能在肉體方面有些不滿足或煩惱。

抱東西型：**抱住棉被或枕頭**
處於欲求不滿的狀態，理想很高，為了理想和現實之間的差距而感到煩惱。或也表示在性方面感到不滿足。

雙膝立起型：**膝蓋彎曲立起**
敏感纖細而急躁的性格。因為連小事情也記得很清楚，所以容易鑽牛角尖、執著在一些煩惱上。

冬眠型：**全身裹在棉被中**
把被子蓋到頭上，雖然屬於能夠多元思考的深思熟慮性格，但有時候也會過於多慮、煩惱過頭。

（請參照上圖）。根據他的分類，舉例來說，側躺蜷睡的人屬於**半胎兒型**，這類型的人心中不容易累積壓力、情緒也較為穩定。

其他例如以膝蓋著床、腰部向上提的姿勢是**人面獅身型**睡姿，乍看之下好像很難受，不過還是會有一些人以這種姿勢來睡覺。這也顯示出「我還不想睡」的心情，據說在兒童身上比較常見。

你的睡姿是哪種類型呢？上圖的睡姿分析，或許能夠幫你了解自己未曾察覺的心理狀態喔。

小知識　想要好好熟睡一覺

不良的睡姿經常是人在睡眠中多次翻身的原因，睡眠品質變差，導致疲勞無法消除。為了睡姿煩惱的人，請重新檢視自己的睡眠環境（例如室溫、棉被重量等）吧！

WORD 夢話：在睡覺時脫口而出的話語。比較容易出現於淺層睡眠中，不過在更深層的非快速動眼期睡眠中也會出現。當心中壓力累積時，說夢話的頻率會變高。

從動作舉止中洩露出真實心意

從不經意的動作和肢體狀態中，會顯示出一個人的真實心意。
在分析自身動作的同時，也試著確認一下對方的動作吧。

在無法控制的部分顯現出隱藏心理

人類能夠在一定程度上控制臉部的表情，但是手部、姿勢或腿部卻是意識容易忽略的部分。尤其是腿部在肢體語言※上也很少被使用到，因此有時候就會在不經意中洩露出自己內心的真實心意。

搖腿抖腳

感覺到挫折時會出現的動作。抖腳成習慣的人，可能處於慢性壓力累積的情況，或是內心經常抱持著不安感。

腿部動作

●雙腿大大張開

身心放鬆、向對方敞開心胸的證據。對於自己抱持自信，或是性格落落大方。

●雙腿併攏、雙腿交疊

沒有自信、正在警戒對方。不過，若是從女性禮儀的觀點來看的話則是例外。

●多次反覆換腳交疊

女性頻繁地更換腿部姿勢、交替腿部交疊的話，是一種希望引發他人好意和注意的表現。

※肢體語言：不使用語言或聲音，而是以身體的動作（姿勢、手勢、表情等）來向對方傳達自身的意思。又稱為身體語言。

表現於其他身體部位的動作

手、手臂

以手掌心示人

▶ 向對方敞開心胸

不斷觸摸頭部或臉部的周圍

▶ 感到緊張、不安等情緒

配合談話內容，雙手在身體前方動作

▶ 想要掌握主導權的欲望

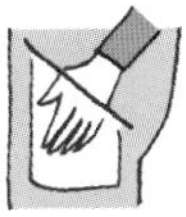

手插在口袋中

▶ 可能正在撒謊

手臂叉在胸前、手握拳頭

▶ 緊張、警戒、拒絕的表現

雙手叉腰

▶ 以自我為中心、輕視對方、想要占據優勢地位

姿勢

不把身體轉向對方

▶ 向對方抱持抗拒或厭惡的表現

身體向前方傾近

▶ 對對方或對方的話題抱持興趣

拱背蜷曲

▶ 對自己沒有自信、心中抱持著不滿或壓力。相反地，後背挺直則是自信的表現

以手托腮

▶ 覺得無聊的表現

身體向後方遠離

▶ 對對方或是對方的話題沒有興趣

歪頭

▶ 表示無法接受的心情。如果是女性，這也可能是渴望依賴、想要撒嬌的好感表現

習慣、動作
05

不自覺地貶抑他人

潛藏於心底深處的，其實是天真無邪的「赤子之心」？

如何看待自己的失敗，能夠分辨出性格的類型

如果身邊有那種看不起別人、以**高高在上的姿態**來輕視他人的人，多少會使人心情受到影響。畢竟，只要是人，不管誰都會希望「自己是優秀的存在」。將他人和自己相比較，並藉此在心底暗自感覺到**優越感***，應該是每個人都有過的心態。

另一方面，也有些人會毫無根據且一廂情願地認為「自己很優秀」，在這種心理的背後，其實是一份「自己什麼事情都能辦到」的**萬能感***。通常，人在成長過程中會遭遇到失敗或挫折，並因此逐漸與實際上的**自我印象**妥協。話雖如此，還是會有人因為某些理由，在長大成人的過程中始終抱持著萬能感。

WORD 優越感：認為自己比別人優秀的感覺。

幼兒的萬能感和成長過程

擁有「自己什麼事情都能辦到」的萬能感，是幼兒的心理特徵。如果在成長過程中沒有學會面對現實，就會一直抱持著這種錯誤的認知長大成人。

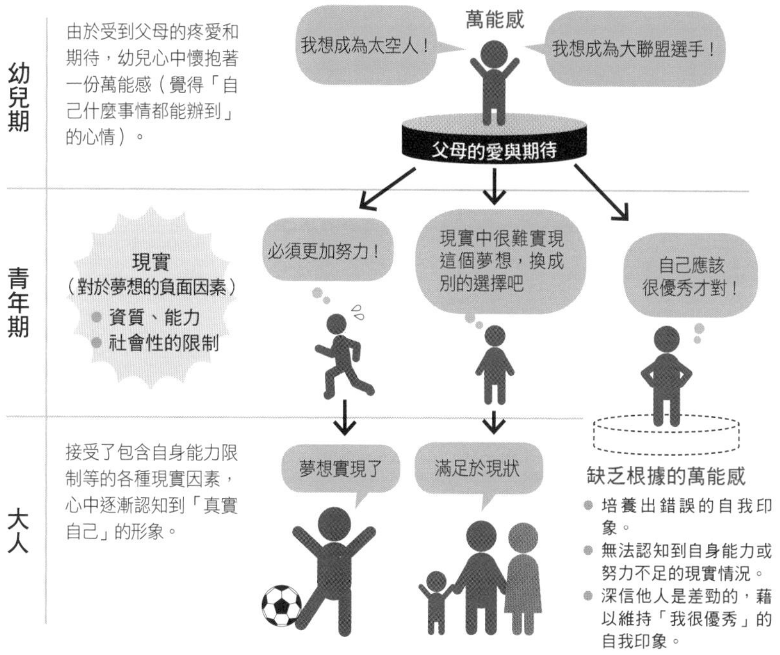
幼兒期
由於受到父母的疼愛和期待，幼兒心中懷抱著一份萬能感（覺得「自己什麼事情都能辦到」的心情）。
萬能感
我想成為太空人！
我想成為大聯盟選手！
父母的愛與期待
青年期
現實
（對於夢想的負面因素）
資質、能力
社會性的限制
必須更加努力！
現實中很難實現這個夢想，換成別的選擇吧
自己應該很優秀才對！
大人
接受了包含自身能力限制等的各種現實因素，心中逐漸認知到「真實自己」的形象。
夢想實現了
滿足於現狀
缺乏根據的萬能感
培養出錯誤的自我印象。
無法認知到自身能力或努力不足的現實情況。
深信他人是差勁的，藉以維持「我很優秀」的自我印象。

由於這種萬能感是沒有根據的，因此這種人的心中大多缺乏自信，充滿了不滿和不安，所以會藉由貶低他人的方式，來讓自己相信「自己是很優秀的」。像這樣的人，必須**客觀地檢視自己，以踏實的努力成果來建立起自己的自尊心**，同時，也必須學習尊重他人優秀的部分。

話說回來，如前文所述，每個人都有可能將自己與他人進行比較、表現出居高臨下的態度。不要忘記自我反省，以坦率的心情來大方讚美別人吧。

小知識 父母教育的方式也是原因

即使成長為大人、心中仍然懷抱著萬能感，主要原因之一通常是父母對於孩子抱持期待、在養育過程中持續讚揚孩子所導致。這些父母們深信「自己的孩子一定能夠做得很好」。

WORD 萬能感：深信世界上沒有什麼是自己辦不到的事情。在幼兒期會有這種心態很自然，但是一般來說，在長大成人之後就會變淡。

習慣、動作
06

一不小心就滔滔不絕

覺得「自己最棒」的自戀者和麻煩人物只是一線之隔

加奈的男友超級溫柔體貼的～
嗯嗯，好幸福喔♪
會嗎？
加奈
對啊，不過我男友的個性也是超級棒的喔
總是請我吃飯，還買包包送給我呢！
不只長得帥氣、頭腦又好，
每天都會跟我說喜歡我～～
滔滔不絕
旅行的時候也是，一直辛苦開車……
咦？有在聽嗎？
真好吃啊！

自尊心很高，但是容易受到傷害

在希臘神話中出現的納西瑟斯（Narcissus），是一個愛上自己的池中倒影的美少年。從這個典故而來，心理學上**將這種愛自己（自戀＊）的情緒稱為自戀症**（narcissism）。在現代社會中，也有許多如同納西瑟斯一般「超喜歡自己」的**自戀者**存在，他們最喜歡的主題就是自己。總是用「話說我啊……」、「像我就是……」這種口頭禪，在各種場合將話題攬到自己身上。這種「超喜歡自己」的基礎，是異常高昂的**自尊心**和膨大的**自我印象**。另一方面，他們又對他人的評價很敏感、容易受到傷害，一心認為「自己無法獲得好評都是別人的錯」，常自己為自己辯護。以自

WORD 自戀：喜愛自己、認同自己的情感。人類也是從幼兒期的「自戀」開始，經過愛自己身體一部分的「自體愛欲」階段，最後發展成「客體愛」，開始能夠去愛別人。

自戀型人格障礙的症狀

每個人心中都有「喜愛自己」的心情，但是，若自身情況符合以下一半以上的項目描述，就要多加注意，有可能是病態的自戀型人格障礙（Narcissistic Personality Disorder，簡稱NPD）。

- ☑ 相信自己比別人優秀
- ☑ 經常陶醉於幻想權力、成功或自己的魅力
- ☑ 向他人誇耀自己的業績或才能
- ☑ 總是希望得到他人的讚美
- ☑ 相信自己是特別的，並遵循著這份信念來行動
- ☑ 不太了解別人的情緒和感覺
- ☑ 期待他人依照自己的想法或計畫行動
- ☑ 有時候會利用別人
- ☑ 對於比自己劣勢的人採取傲慢態度
- ☑ 覺得自己被別人嫉妒著
- ☑ 有時候會嫉妒某些人
- ☑ 人際關係上的糾紛不斷
- ☑ 總是無法達成預定的目標
- ☑ 容易因為一點小事感到受傷
- ☑ 感覺自己被周圍的人所抗拒
- ☑ 自尊心很容易受到動搖
- ☑ 不太會多愁善感

老是被別人嫉妒，
真是麻煩啊
?

我為中心、若是沒有一直受到寵愛或讚美就會不高興等，也有這些孩子氣的一面。不過，應該很容易被身旁的人打從心底認為「真是麻煩的人」吧。

當自戀行動變得更加病態時，就是**自戀型人格障礙**＊。不僅對人際關係或工作造成障礙，在日常生活上也會變得不方便。

若是意識到自己有自戀傾向的人，多去**認同他人**、**嘗試加以理解**是很重要的。同時，努力以坦率的心態來接受自己不足或失敗的地方吧。

小知識 說不定其實是討厭自己的

尋求他人評價或讚賞的行動，背後其實是出自於對自我能力或價值觀沒有自信的心理。與「自戀」一詞的意思相反，或許實際上是不認同自己、無法喜愛自己的狀態。

WORD 自戀型人格障礙：由於自戀情緒高漲，對於人際關係或工作造成問題，導致生活上出現障礙。

無法抑制怒氣

易怒性格是可以受到控制的

踩！
呃
啊
真沒辦法……
超痛的……
啦啦啦啦啦啦
吱
本列車因故暫時停車，敬請稍待
真是禍不單行啊……
氣呼呼
啦啦啦
焦慮
煩躁

本能的攻擊行動也是破壞社會生活的原因之一

因為一些小事情而情緒失控，憤怒傾瀉而出……。我們偶爾會看到這種突然**暴怒**＊的人，大概是壓力或挫折不斷累積，對精神上造成了負擔吧。當感覺到憤怒時，人類在本能上就會想要採取**攻擊行為**來應對，所謂攻擊行為，不只是毆打、踢踹、摔撞物品等暴力攻擊，也包括口頭、信件或在網路上謾罵等的言語攻擊。

當然，即使那是人類的本能，但是為了維持社會生活的運作，我們必須抑制這種行為。因為攻擊行為會破壞人際關係，最終導致對方和自己都受到傷害。若自覺是經常暴怒發火的人、容

WORD 暴怒：心中累積的挫折感達到極限，自我情緒控制的機制失靈，導致突然出現失控的行為。

控制憤怒的方法

以下為各位介紹平息憤怒的自我說服法和停止法，兩種方法一起使用也很有效果。

自我說服法

1 掌握情況
認知到「自己很生氣」。

2 驗證
思考這份憤怒心情是否正當。

3 憤怒是正當的情況
a.討論消解的方法
例如提出抗議等

憤怒是不正當的情況
b.自己跟自己說明錯誤的地方

憤怒

4 想像
想像進行❸的消解法的情況和結果，思考那是否是自己理想中的情況。

5 再次確認心情
確認內心是否還有怒氣。通常到這個時間點，情緒大多已經冷靜下來。

6 實踐❸思考到的消解法
若實踐之後怒氣消失了就成功，如果怒氣尚未消失，就思考其他消解法。

停止法

當憤怒的情緒沸騰而起時，出聲大喊「停止！」。

應用篇
- 準備寫有「停止！」的小卡，隨時都可以拿出來看。
- 當憤怒湧上心頭時，就看著小卡、告訴自己「停止」（若是處於無法出聲的狀況，只是凝視卡片也有效果）。

易真的採取攻擊行為的人，請學會控制憤怒的方法：一個是跟自己對話來找回冷靜的「**自我說服法**」，另外一個就是採取其他行動來轉換心情的「**停止法***」。

只是，若一味抑制心中的憤怒，壓力的累積也會日益嚴重。向別人發發牢騷、或是練一練像是拳擊有氧之類的、能排解攻擊衝動的運動也行，為自己**預先準備好情緒的出口也非常重要**。

小知識 遷怒也是導致霸凌行為的原因

將攻擊行為轉向其他對象的「遷怒出氣」具有連鎖效應。由於無法向上司發怒，於是將情緒轉向妻子發洩，妻子對孩子發怒、孩子對比自己弱小的孩子出氣……就這樣一直無止盡地持續下去。

WORD 停止法：藉由出聲告訴自己「停止！」來平息憤怒的方法，這是美國人資顧問史托茲（Paul G. Stoltz）所提出的方案。

習慣、動作 08

不自覺就幫自己找藉口

其實這也與個人的性格傾向有關係

今天打工遲到，結果被罵了
因為妳不早點出門啊
才不是！都是電車誤點的關係啦！
是因為妳每次都拖到最後一分鐘吧
都是老媽妳叫我帶太郎去散步的關係啦！
如果妳早一點帶牠去散步不就好了嗎？
不想說了！
真是藉口一堆呢！

把失敗的原因歸咎於他人？或是自己承擔？

明明自己犯了錯誤，有時候**藉口***卻比**謝罪***更早出現。這究竟是哪種心理作用使然呢？

人會想要找藉口，原因在於**外在控制型**（▼P92）的性格。這類人認為，根據自身行動所產生的結果，在很大程度上受到外在因素的影響。由於多把責任歸咎於他人身上，自己心中不太會累積壓力，但他們不會從錯誤中學習，總是反覆失敗在同樣的問題上。此外，即使成功也覺得是「幸運真好」等原因造成，有時對自己的能力沒什麼信心。相反地，將成功或失敗視為自身能力和努力結果的人，屬於**內在控制型**（▼P92）性格，這種類型的

WORD 藉口：辯解自己的情況和理由。一般認為這是不漂亮的做法，而有容易被討厭的傾向。

如何看待失敗

美國社會心理學家韋納（Bernard Weiner）認為，一個人如何思考成功和失敗的原因，會影響其之後的目的意識。

自己（內在因素）

無法改變的事情

「會犯錯是因為沒有能力」

■原因在於才華、能力

雖然有反省是好的，但一想到需要改進的是難以改變的能力問題，心中就失去了幹勁。

能夠改變的事情

「若是能再重新審視一下就好了」

■原因在於努力

能夠提高「下次努力的話就能辦到」的企圖心，未來可望有所成長。但是，有時候過於努力的話，也可能使精力燃燒殆盡。

他人（外部原因）

無法改變的事情

「這本來就是容易引起失誤的結構」

■原因在於組織

因為把責任歸咎於他人身上，所以自身沒有壓力。只是，總是這樣思考的話，結果會導致自己會變得不夠努力。

能夠改變的事情

「疏忽了錯誤，這次的運氣不好」

■原因在於運氣

將原因歸咎於偶然的運氣好或運氣不好，自己心中不會累積壓力。只是，由於缺乏自省，無法期待未來有所成長。

人面臨失敗時會自我反省，所以很少重複犯錯，但也會有責備自己、陷入沮喪情緒中的另一面，容易在心理層面造成負面影響。

兩者相較之下，內在控制型的人比較有利於工作，但在現實生活中，把所有事情都歸咎於個人責任是不可能的。如果能夠**平衡外在控制型和內在控制型的各自優點**，不是就能避免在心中累積壓力並以積極的態度來面對工作了嗎？

用這招！心理技巧……

找藉口也是必備的技巧

找藉口是一種自我正當化的手段，能夠將高級的藉口操縱自如，或許在大人社會中也是必須的生存手段吧，但前提是必須擁有勇於承認失敗的謙虛胸懷。

WORD 謝罪：承認自己的錯誤，向利益受損的人請求原諒。在日本，以謝罪方式來收拾善後的情況很常見，不過草率的謝罪可能反而導致自身陷入不利處境之中。

習慣、動作
09

回過神來才發現自己在自言自語

工作時不小心把心中的想法說出口

大多都是為了化解壓力或消解不安感

如果身邊有人經常**自言自語**，實在會令人忍不住在意吧。若只是突然脫口而出「完蛋了！」或「嘿咻」之類的程度並沒有什麼問題，另外，如果是長期獨居的人，有時候也會養成自言自語的習慣。

自言自語的人，大多數的情況都是「那個是這樣、那樣……」、「是嗎，這麼一來……」等，將自己腦中思考的事情說出口。類似這樣的自言自語情況，有可能會在自己不經意中替周圍的人帶來麻煩也說不定。

經常自言自語的人，通常是因為**不安**或**壓力**所導致。與**抖腳**（▼P 122）之類的行為一樣，**自言自語是藉由發出聲音來紓解壓**

WORD 自笑：明明沒有和任何人說話，卻獨自笑著的症狀。與「回憶的笑」不同，經常是聽見幻聽而真正地笑，很可能是思覺失調症（精神分裂症）的徵兆。

自言自語的種類

過多的自言自語說不定是疾病的徵兆，如果覺得最近自己自言自語的情況變得頻繁，試著自我檢測看看吧。

正常的自言自語

- 觀看體育賽事的時候，大喊「就是那裡！」等。
- 在工作中、熱衷於某事的時候，會說「好！」之類的話語。
- 舉起重物時說「嘿咻」。
- 發現失誤時等情況，會說「完蛋了！」。
- 在安排工作或進行其他事的時候，把腦子中思考的事情說出來。

屬於正常的範圍內，但是如果自言自語過多的話，也有慢性壓力累積的可能性。

好！接下來
做這個！

可能是疾病的自言自語

- 本人沒有自覺
- 像是和誰在對話一樣說話著
- 「去死吧」、「我殺死你」等負面內容
- 明明沒什麼事情，卻一人逕自笑著

去死吧
我殺死你

力，使自己平靜下來。如果硬是強迫自己不要自言自語，會突然失去情緒的宣洩出口，所以還是先找到減輕壓力的解決方法吧。

然而，有些自言自語行為也可能是精神疾病的徵兆。例如明明旁邊沒有人，看起來卻像是在與人對話的「**獨語**」，或是沒有什麼好笑的情況卻逕自笑著的「**自笑**＊」等，就是**思覺失調症**＊的代表症狀。此外，高齡者自言自語的情況增加也可能是**失智症**所導致。

用這招！ 心理技巧……

讓自言自語派上用場的方法

即使是自言自語，若是像「今天狀態不錯喔」這類的積極話語，能夠以正向的自我暗示來提高工作和運動的效果。但是，在實行的時候，建議還是在周圍沒有人的時候比較好。

WORD 思覺失調症：主要症狀是幻覺和妄想等。另外，由於在日常生活中無法做出適切的行動，經常被周圍的人誤解為「懶惰」、「缺乏常識」。

害怕與他人對到眼的視線恐怖症

眼神接觸是非常重要的非語言溝通之一。如果是「不擅長與他人視線相交」的人，請找出背後的原因，努力克服吧。

視線恐懼症的種類

人之所以會害怕他人視線，或許是缺乏自信的表現、面對他人產生的緊張感、想逃避不安的心理作用等原因導致。視線恐懼症的人可區分為以下4種類型。

※但是，在一般的人際交流互動中，視線相交的時間最長也只是2～3秒左右。更長時間的視線相交，可能是包含了喜歡的心情，也或許反過來想要威脅對方的情況，需要多加注意。

他人視線恐懼症

在意他人的視線，異常執著於「自己怎樣被別人看待」的心情。經常覺得自己被誰注視著，變得害怕別人的視線。

自我視線恐懼症

認為自己的視線會令對方感到厭惡或不適。一邊想著「如果不正視對方的話很失禮」，但是與對方對視時又擔心「我是不是瞪對方了？」，陷入進退兩難的困境。

餘光恐懼症

只要他人一進入自己的視線範圍內，就覺得對別人造成麻煩。「自己明明不想看卻忍不住看了」、「因為這樣使對方感覺不悅」、「無法控制自己的視線」等，陷入找不到解決方法的煩惱循環之中。

正視恐懼症

與人見面的時候，眼睛無法和對方對視。自我視線恐懼症的根源是擔心「看別人會給對方添麻煩」，正視恐懼症的心結是「與他人對視時會感覺到羞恥」，源自於害怕自己會丟臉的恐懼感。

在這種情況下也會對視線感到恐懼

社會焦慮症：又稱為社交恐懼症。面對他人時，由於緊張的情緒高漲，出現聲音和手腳顫抖等各式各樣的身體症狀。

對人恐懼症：精神疾病的一種。由於過分擔憂自己在人前出醜或失敗，因此在與他人接觸時會感到異常的緊張。這也是造成社會焦慮症、恐慌症、關在家裡不出門等情況的原因。

若想要克服視線恐懼症，藉由反覆練習、累積經驗成習慣才是上策！

即使不擅長與他人接觸，只要反覆練習，就能在某種程度上逐漸適應。不管是誰，每個人都有感到緊張的時刻，即使失敗了，大家也是「彼此彼此」，以輕鬆態度來面對即可。

習慣、動作
10

對於「限定」或「折扣」等詞彙沒有抵抗力

錢包不知不覺就破洞了

人們容易認為「稀有物品＝有價值」

最近，打著「季節限定」等噱頭的商品大量出現於市面上，若再加上「限定」，不知為何就令人變得更加想擁有了。

原因之一是數量少的東西價值比較高的**稀有性原理**使然，此外，當被推薦「這是最後一件」的情況時，通常也會變得想要購買，這是**心理抗拒**＊的機制所導致。決定要不要購買某件商品是自己的自由，但是當商品售完之後，我們就被剝奪了購買的自由，**想要取回購買自由的心理在背後起了作用，使得商品看起來比實際上更富魅力**。

另外，當我們前往購物時，若剛好遇到舉辦打折活動，有時候會一下子失控大買特買。這是

WORD 心理抗拒（psychological reactance）：當決定、判斷等自由受到威脅時，心中就會出現抵抗的心理作用。例如說，被命令「快點讀書」時，反而會失去學習的幹勁等。

心理檔案 7

從心理實驗之中驗證的「稀有性原理」

實驗 瑞典社會心理學家史蒂芬·奧切爾以心理實驗來驗證人類追求稀有性的心理。面對兩組受試者，將裝有數量不同的餅乾瓶分成兩次遞出，請受試者試吃後評價餅乾的滋味。

	試吃餅乾的順序	滋味評價
A組	首先從10片裝的餅乾瓶中取1片，接著再從2片裝的餅乾瓶中拿取1片。  第1次 10片裝 第2次 2片裝	第2次吃到的餅乾比較美味
B組	首先從2片裝的餅乾瓶中取1片，接著再從10片裝的餅乾瓶中拿取1片。  第1次 2片裝 第2次 10片裝	一開始吃到的餅乾比較美味

結果 顯示出數量愈少，人就愈容易認為它們擁有更高價值。

真好吃！

因為，打著「〇〇大特價」、「〇〇特賣會」等名義時，原本的賣場就幻化成一個**非日常**＊空間。所謂非日常空間，就是指儀式或祭典等的特殊空間，**在這種氣圍中，人的情緒變得高漲、喪失原本的金錢觀，平時覺得昂貴的物品此時卻顯得「便宜」**。

賣方就是利用這種人類心理，千方百計地讓顧客多花一些錢。若是自覺對「限定」和「促銷」等詞語沒有抵抗力的人，可要提醒自己多加注意。

用這招！ 心理技巧……

也有不挑選「優惠」的時候

看到「1980」這種帶著尾數的價格，很容易感覺到便宜，不過若是嗜好品或奢侈品的話，就不適用於這個法則了。這是因為此時人們不想以價格來判斷，而是希望根據價值選擇來獲得滿足感。

WORD 非日常：例如儀式、祭典等的特殊狀態，與此相對的普通生活和狀態就是「日常」。「日常」與「非日常」是由民俗學家柳田國男所提出的日本傳統價值觀。

無法收拾房間

不知不覺就變成「髒噁房」了

好喔，我來打掃！
就是今天！
凌亂
凌亂
嗯——這件衣服今年沒穿到，明年搞不好會穿到……
啊——雖然壞了，但修一下還是可以用吧
這個盒子真可愛，拿來收納一些東西好了
包裝紙也是，應該某天會用到吧
袋子也是呀
緞帶也是
完全沒辦法整理啊……

過分追求完美，使得門檻愈來愈高

不只「光棍男的家髒得生蛆」之類的古老揶揄，最近也出現例如「髒房間女子」這種新稱呼，看來不管時代如何變遷，無法整理房間似乎是恆久不變的煩惱根源。

無法好好收拾整理的人，搞不好是**完美主義**＊心理在作祟。完美主義的人若想要收拾到自己滿意的程度，必須花上很多心力和時間。一想到就覺得厭煩，所以就找「下次時間更充裕的時候」或「下次不累的時候」等藉口，將整理一事不斷延後。

無法整理的原因，也可能是病態的理由導致。例如ADHD（**注意力不足過動症**）＊的情況，由於難以專注於某一件事

WORD 完美主義：對於某些事物以追求至完美狀態為目標的思考方式。

無法整理的人的心理狀態

不擅長收拾整理的人，他們的心理狀態大致如以下模式。

忍不住追求完美

忙碌於工作或玩樂，沒有打掃的時間。

↓

若要好好整理，需要花費許多時間和心力。

↓

覺得「下次更有時間的時候再做」，把整理一事延後進行。

↓

房間變得愈來愈亂

無法決定優先順序

一旦想要處理什麼事情時，又會被其他事物分散注意力。

↓

將此刻手邊正在做的事情放下，開始做別的事情。

↓

東西拿出來之後就放著，弄得亂七八糟。

↓

ADHD（注意力不足過動症）

捨不得丟棄物品

看到新的東西就覺得想要，並且會想辦法得到。

↓

即使不會用到，也覺得「總有一天會用到」而保留下來。

↓

物品愈來愈多，收納空間不夠用，物品到處散亂。

↓

囤積症

上、不擅長依照優先順序等症狀，所以對於收拾整理一事感覺到相當困難。另外，不斷堆積一些在別人眼中如同廢物般沒用的物品，其實是一種名為**囤積症**的疾病。心中抱持著「總有一天要用到」的不安感，沒辦法將物品丟掉。不過，如果症狀只是輕微程度的話，應該每個人多少都有類似的狀況。

若能夠建立起處理的順序，先丟掉不需要的東西、將剩餘物品收拾整齊，整理本身並不是那麼困難的事情。此外，**盡可能保持一些適度的「隨便感」，或許能夠維持乾淨整潔的房間喔。**

小知識 招待客人使家中變乾淨

邀請別人來家裡作客，是督促自己整理居家空間的一大動力。不過若是過於頻繁，變得即使沒有整理家裡也不在意的話，就會是反效果了。因此，把它當作「偶爾、有時」才使用的手段吧。

WORD ADHD（注意力不足過動症）：一種精神上的疾病，主要症狀是專注力失調、好動、衝動等。經常好發於兒童時期。

習慣、動作
12

喜歡「極端」程度的乾淨

覺得別人「很髒」的心理

電車行駛搖晃，
請多加注意。
沒辦法啊
在公司的廁所內
擦擦
不洗乾淨的話……
洗洗刷刷
啊
!
掉落
好煩~~又搞砸了……
擦擦
擦擦
隨身攜帶的
除菌紙巾

反覆多次洗手等的強迫行為是特徵

讓我們來看看與前一篇相反、喜歡乾淨的人的心理狀態吧。除了必須自己收拾整理之外，應該每個人都喜歡清潔整齊的環境吧，而喜歡乾淨的人，可說是不覺得整理是件苦差事的人。

但是，即使是在他人的房間，只要環境稍有髒亂就無法忍受，或是看見東西擺放不整齊就會想將它們排列整齊的話，或許可能有**潔癖症**＊也說不定。

潔癖症是一種**強迫性障礙**＊，會對任何髒污變得異常敏感，時時努力保護自己的身體不受汙染。例如不敢直接以手抓住電車吊環、反覆多次洗手等行為。

這只是程度上的問題，例如

WORD 潔癖症：例如經常洗手、因為害怕細菌和病毒等而不敢外出，過度在意髒污的症狀。有時也會對日常生活和人際關係帶來負面的影響，屬於強迫性精神官能症的一種。

你有潔癖症嗎？

如果符合以下描述的人，很有可能是潔癖症患者。在事態惡化至自己無法應對之前，建議最好前往身心內科接受診療。

- ☑ 不管洗幾次手都還是覺得很髒
- ☑ 覺得電車和公車的吊環很髒，完全不敢摸

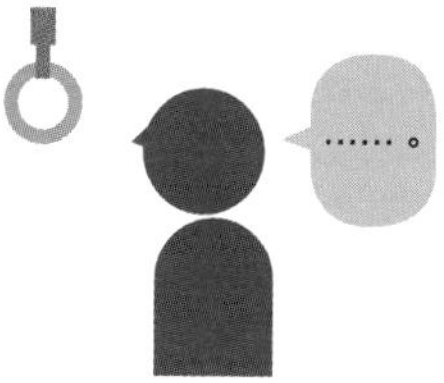

- ☑ 廁所馬桶坐墊一定要先用消毒紙巾擦過之後才敢使用
- ☑ 即使關係再怎麼親密的人，也無法交換喝飲料
- ☑ 即使打掃過了，依然覺得不乾淨
- ☑ 無法和戀人牽手或觸碰身體
- ☑ 感覺掉在地板上的東西很髒
- ☑ 不想觸摸別人的電腦鍵盤
- ☑ 不使用公共拖鞋
- ☑ 在外面吃飯時，很在意廚房的衛生狀態
- ☑ 覺得溫泉和游泳池很不乾淨
- ☑ 不去觸摸門的把手

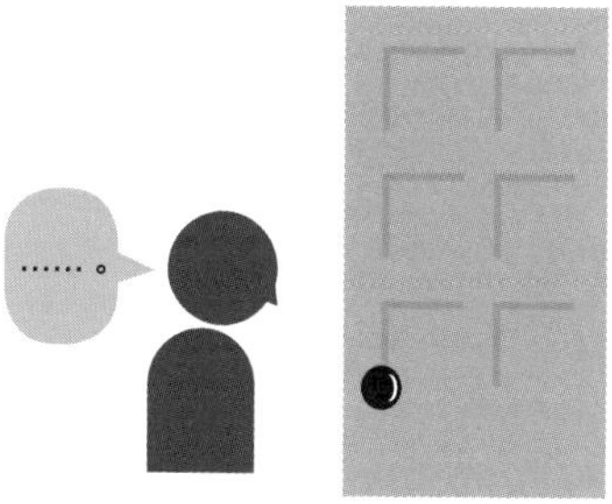

「不想使用別人已經喝過的容器」、「擔心公共廁所的馬桶不乾淨」之類的程度，是每個人都會有的心態。只要是當事人和家人能夠接受、對於日常生活不會造成障礙的程度，大致上沒有什麼問題。

然而，若是自己也覺得有點奇怪、演變成無法不做的強迫性行為，甚至**出現頭痛、暈眩或渾身冒冷汗等生理症狀的話，最好尋求專家的建議及協助**。

小知識　幼年期的創傷可能是原因

潔癖症通常是源自於年幼時期的經驗所造成。也有因為心理創傷而引起潔癖症的情況，例如由於父母親本身就有潔癖、曾經接受嚴厲的家庭教育，或是曾經接觸到不乾淨的東西而受到極大驚嚇等案例。

WORD　強迫性障礙：必須採取某些特定的行動和態度，否則會坐立難安。例如非常在意是否有關閉瓦斯的開關，不停地多次反覆確認。

習慣、動作 13。

如何博得初次見面對象的喜愛？

表情、態度是最大關鍵

打聲招呼吧
我是山田，還請各位多多指教！
簡潔俐落
啊……我是淺野……
哈哈哈
請……請大家多、多指教
聲音都發抖了
嘻嘻嘻
幾個月後
喂！為什麼你們老是動作那麼慢啊！以後我要找別家訂貨啦
受不了
真的非常抱歉
貨品好像很重喔？真是辛苦您了
沒有關係的
謝謝您的諸多關照喔
之後也請您多多指教
淺野先生真是溫柔的人呀

第一印象的影響會一直持續下去

初次見面時留給對方的**第一印象**，對於之後的人際關係有很大的影響。這是因為在最初得到的訊息，會成為建立對該人印象的重大關鍵，這個印象非常強烈，不容易被改變。這種情況稱為**初始效應**＊。因此，在求職活動和商務的場合，拚命想給對方留下好印象也是可以理解的。

根據美國心理學家**麥拉賓**（Albert Mehrabian）的實驗，**第一印象中影響力最大的是表情及態度占55％，其次是聲音占38％、談話內容占7％**。在商務的場合，自信爽朗的態度和笑臉、明亮的聲音等，對於接下來的談判應能帶來有利的影響。

WORD 初始效應（primacy effect）：判斷初次見面者的印象時，一開始得到的情報將會帶來較強烈的影響。

心理檔案 8

盧欽斯的新近效果實驗

實驗 美國心理學家盧欽斯（Abraham Luchins）讓受試者閱讀了關於某人性格的介紹文章，藉以觀察人的印象是如何形成的。許多受試者閱讀了以下第一篇和第二篇給人相反印象的文章。

第1次

讓人覺得A先生害羞內向的文章

害羞內向
許多受試者認為A先生性格內向

第2次

讓人覺得A先生善於交際的文章

善於交際
許多受試者認為A先生善於交際

結果 受試者在第一次和第二次的文章中讀到完全相反的訊息，比起第一次，第二次的訊息更容易留在人的心中。也就是說，在事後消除第一印象並非不可能達成的事情。

只是，性格內向、與他人初次見面容易緊張的人，也無需感到灰心沮喪。另外還有**新近效應**＊，比起第一印象，認為之後的印象更容易保留在人的腦海中。即使在初次見面時一開始令對方覺得「真是難以接近的人」，只要在最後分別之際展現出笑容，就能夠扭轉第一印象，留下好印象給對方，使對方期待再見面的可能性也隨之提高。此外，與最初的印象相比，結果反而會使最後的印象更加強化。

小知識　強力宣傳自身的優點長處

這就是以某個強烈的優勢來獲得整體好評的「光環效應」（▼P64）。因此，若希望讓自己給人的第一印象變好，以強調自身魅力優點的方式會更具效果。

WORD 新近效應（recency effect）：也就是新近性的效果。判斷對方印象的時候，比起最初的第一印象，在下判斷之際的最新訊息會產生更強烈的影響力。

你受歡迎嗎？

Q 假設和你說話的對象採取了以下某個行動，你認為在對方心中是歡迎你或是拒絕你的呢？若是歡迎的話請填答A，若是拒絕的話則填答B，將你的答案寫在答案欄中吧。

1 看著你的臉，起身站起來
2 冷靜地坐著，除了留意你的動向以外，幾乎沒有其他動作
3 當你說話的時候，一直閉著眼睛或是眨眼睛
4 瞇著眼睛，把眼睛縮小
5 模仿你的動作和表情
6 明明沒有在說笑話，對方卻笑出來
7 動作自然、感覺很放鬆
8 當你說話時，對方把玩桌上的東西
9 出現把衣服上的毛屑拿掉的動作
10 脫掉外衣、解開鈕扣或鬆開領帶等
11 明明沒必要，卻刻意戴起眼鏡
12 姿勢端正地坐在椅子上，向前方傾斜探出身子
13 以瀏海來遮住眼睛
14 將雙手交叉在腦後
15 刻意讓你發現他在看手錶或牆壁上的時鐘
16 領取文件的時候，身體向你的方向傾斜
17 將頭部或身體向側邊傾斜或轉動等
18 多次以手指觸摸頭、臉或鼻子等處
19 將手臂放在桌子上，手掌輕輕地張開
20 身體和臉部朝向你的方向
21 保持站立的姿勢
22 把座位移到更舒適的地方
23 除去桌上的障礙物
24 點頭3次以上
25 在電話響起的一瞬間，偷偷地笑出來，或是急忙地接電話
26 展示家人、興趣的相片等與私生活相關的東西
27 一邊說話一邊輕輕碰觸你的身體
28 揮手打斷你的話

1	2	3	4	5	6	7	8	9	10	11	12	13	14
15	**16**	**17**	**18**	**19**	**20**	**21**	**22**	**23**	**24**	**25**	**26**	**27**	**28**

解說➡P187

PART 5

克服煩惱和固執的心理學

你是否因為控制不了自己而感到心慌著急呢？
窺探自己的內心，
一步一步地克服弱點吧。

不想去學校或公司

新生或社會新鮮人容易發作的「五月病」

身心無法適應新環境

在新事物展開的季節，特別是4月新生、社會新鮮人等，身邊環境一下子產生極大轉變的人應該不在少數吧。期許自己展開人生的新扉頁、早點努力適應新環境，心中充滿了希望和幹勁。

但是，在不知不覺之間，逐漸變得不想去學校或公司，早上，遲遲無法從床鋪中起身的情況也開始發生。也有些人會出現腹痛等狀況，像在早晨時身體不舒服，然而一旦決定向公司請假後，身體不適的狀況就會自動痊癒。另外，則是有人會出現心情沉悶、無精打采、心中充滿一事無成的**焦躁感**＊等情況。

這個就是由於新環境壓力而引起的**適應障礙**＊之一，在日本俗稱**五月病**（▼P54）（最近，

WORD 焦躁感：焦慮急躁的心情。由於不安感導致自己陷入手足無措的狀態中，是一種想要盡快做些什麼事情的煩躁情緒。

對付五月病的訣竅

雖然說認真性格、責任感強烈的人比較容易得到五月病，但是在壓力極大的現代社會中，每個人都有發病的可能。

放棄「一定要～」的想法

理解並不是所有的事情都能做到完美無瑕。抱持「適可而止就OK了」的大方心態，才能有益身心健康。

在身邊找到可以商量問題的人

如果身邊有人支持著自己，比較不容易得到心病。凡事不要一個人承擔，適時向同事、前輩、家人等傾訴煩惱也是非常重要的。

切換ON和OFF

不要沒日沒夜地埋首於工作中，確保擁有私人的時間。若能夠培養令自己沉醉其中的興趣，在公與私的開關切換上會更加容易。

找到造成壓力的根源

釐清自己對什麼事物或情況會感受到壓力。這麼一來，或許就可以找出具體的應對策略（▶P.58～）。

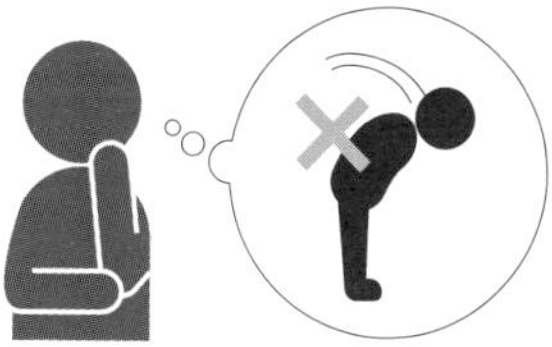

大約在員工培訓結束後、實際工作開始的6月左右出現症狀的情況比較多，因此也有人稱**六月病**）。特別是認真性格的人比較容易得到五月病，必須多加注意。不要自己一個人埋頭向前衝，**懂得接受周圍的人幫忙，或是找身邊的人商量問題，都是非常重要的**。

我們也要好好傾聽周圍的人的煩惱，溫柔地給予支持，如果加以斥責「你以為自己還在當學生啊？」之類的話語，只會逼迫對方陷入困境。

小知識　也可能是憂鬱症的訊號

適應障礙的症狀通常在壓力解除之後的半年內會逐漸消退。不過，也有可能是憂鬱症的早期階段，若是症狀持續的時間較長，建議尋求專家的建議和協助。

WORD 適應障礙：由於特定的狀況和事情而感到痛苦，導致抑鬱、不安、焦慮、緊張等心情起伏。有時候也會造成過度飲酒或暴食等行為出現。

煩惱、執著 02

總是往負面方向思考

把自己貼上「沒路用」的標籤

悲觀的思考容易連鎖發生

有些人凡事都往壞處想，不安到手足無措的地步，或是行事過度慎重，慎重並不是壞事，但是過猶不及，過度謹慎的話容易陷入負面的**自動化思考**（▼P64）之中，反而變得無法應對各式各樣的事情。

對於任何事情都只看到壞的一面的人，可說是抱持**悲觀性格**思考迴路的人。心理學家**賽里格曼**＊認為，當悲觀思考模式的人面對一時的失敗時，往往容易以「我一直都是這樣」、「我總是失敗」等的負面角度去思考。

另外，**悲觀的思考經常造成「認知扭曲＊」的情況發生**。例如，即使某項工作進行得很順利，也**無法歸功於自己的能力和**

WORD 賽里格曼（Martin E. P. Seligman）：美國心理學家。以研究憂鬱症和變態心理而聞名，提倡「正向心理學」。

「認知扭曲」的10種類型

心理學家大衛・柏恩斯（David D. Burns）將認知扭曲區分為10種類型。請試著分析自己符合以下哪個描述，就能防止日後再次陷入負面思考中。

❶ 全有或全無的思考
只要有一個缺點，就認為完全沒有價值。從多個角度來看待事物是很重要的。

❷ 以偏概全（泛化）
一旦發生了一件壞事，就會認為「總是這樣」、「從來沒有順利過」等。

❸ 心理過濾機制
只看見事物壞的一面，無視好的一面。與❶相同，由於無法達到完美，就對自己失去信心。

❹ 負面思考
將一些瑣碎小事認為是壞事。自己降低自我的價值。

❺ 妄下定論
例如「我遲到了→自己是一無是處的人」等這種跳躍式的結論，就是自動化思考的典型模式。

❻ 誇大或貶低評價
放大自己的缺點和失敗，卻無法肯定自己的優點和成功。這就像是「望遠鏡的圈套」。

❼ 感情用事
「自己如此不安不就表示這次一定會失敗」等，以負面的情緒來決定事物結果。

❽ 認為「應該要／一定要」
不是「我想做～」，而是「一定要做～」，像被什麼人約束著似的思考方式。若是一辦不到就會責備自己。

❾ 貼標籤
遭遇失敗的時候，把自己貼上「我是個大笨蛋」等負面的標籤。

❿ 自我連結
把他人的失敗連結到自己身上，進而責備自己。這是一種會降低自我評價的思考模式。

努力，而認為「只是碰巧運氣很好罷了」，這就是典型的例子。

除此以外，他們經常敏感地察覺別人的任何一丁點態度，並逕自認為「自己被對方討厭」等。對於人際關係缺乏自信，就結果而言，可能真的會導致人際關係惡化。

如果腦海浮現出負面的想法，請嘗試冷靜下來思考發生的事情吧。大部分應該都只是自己一廂情願的想法或想太多而已。

小知識 讓言語成為夥伴吧

如果遇到討厭的事情、不安感變強烈的時候，告訴自己「我能做到」、「一定能夠順利進行」等，養成對自己訴說積極話語的習慣吧。光是這個舉動，就能夠停止悲觀的思考連鎖。

WORD 認知扭曲：不合理的思考方式。這是一種憂鬱症等心理疾病患者常有的思考模式，有時候情況甚至會嚴重到影響日常生活。

煩惱、執著
03

腦中無法擺脫工作的事情

工作成癮症患者甚至可能因此丟掉性命

犧牲和家人共處及私人時間，沒日沒夜地持續工作

工作不僅僅是獲得每日糧食的手段而已，透過工作，我們能夠達成實現自我、社會貢獻，或是受到周圍的人好評，享受到各式各樣的好處或報酬。

只是，若對於工作的喜愛太過強烈，結果反而犧牲私人時間，這是本末倒置的狀況。例如和家人相處的時候，心卻還放在工作上而顯得心不在焉，或是持續深夜加班、假日出勤等狀況，或許就是**工作成癮症**＊的狀態。

一個人會陷入工作成癮症中，背後可能有各式各樣的契機。例如被業績目標或交貨期限追著跑，不得不硬著頭皮持續工作；或是基於責任感和追求完美的心情，導致過度投入工作的情

WORD 工作成癮症（workaholic）：工作中毒，這是組合work（工作）和alcoholic（酒精中毒）的合成語。犧牲家庭、興趣等私生活及個人健康，沒日沒夜地埋首於工作中的狀態。

容易罹患工作成癮症的性格

屬於性格分類中「類型A」（▶P.42）的人，或許可以說是比較容易陷入工作成癮症的人。

類型A

上進心強烈的野心家。無論是對自己或是對別人都很嚴格，對於周圍總是感到不滿和焦躁。

在意周圍觀感

對於自己一個人提早下班，或者休有薪年假都抱持著罪惡感。

責任感強烈

覺得沒有自己的話工作就會搞砸等，把過多的責任攬在自己身上。此外，一旦失敗就認為全都是自己的錯。

一絲不苟

心中抱持完美主義的面向，會一直工作到自己能接受的程度為止。

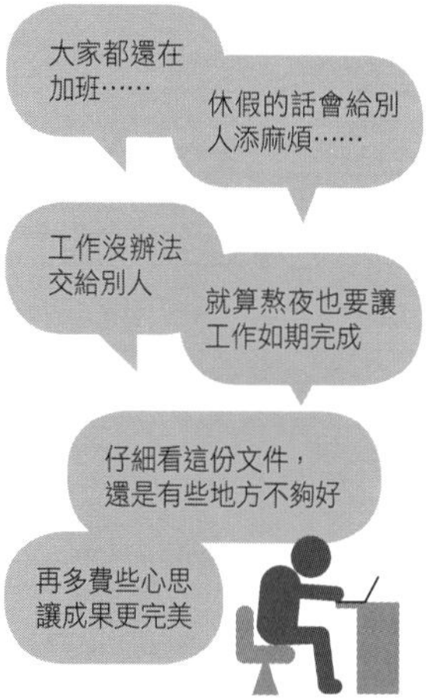
大家都還在加班……
休假的話會給別人添麻煩……
工作沒辦法交給別人
就算熬夜也要讓工作如期完成
仔細看這份文件，還是有些地方不夠好
再多費些心思讓成果更完美

另外，如右欄描述，工作成癮症者的思考方式有這些特徵。

- 如果要去做別的事情，還不如把時間拿來工作
- 覺得要經營家人、朋友等人際關係很麻煩
- 只有在工作時，才能夠真切感受到自己是個有用的人
- 即使回到家也沒什麼事情可做

況。在不知不覺中，**工作本身一事會帶來舒暢的快感**。這就是**成癮症，就與酒精成癮症等一樣，都是需要積極治療的疾病**。

如果一直放任不理，將會導致家庭生活崩潰、身心疾病等問題。不只如此，這條路的最後終點就是**過勞死**＊。

容易罹患工作成癮症的人在性格上有些特徵，但是也有被外力逼入絕境的情況。建議不要輕易地認為「自己沒問題」，務必認真地檢視一下工作環境和生活狀況。

小知識 只有日本人工作過度嗎？

過去過勞死被認為是日本特有的現象，所以在歐美以過勞死的日文發音「KAROSHI」來稱呼此現象。但是，最近不只日本，過勞死已經成為世界性的勞動問題。

WORD 過勞死：由於工作過度，引發腦血管疾病、心臟疾病等而突然死亡，或是因為過勞引發精神疾病而自殺。

煩惱、執著
04

無法停止賭博行為

賭博會使生活陷入全面崩潰

在賭博行為之中，潛藏著誘騙人心的心理陷阱

玩小鋼珠、賽馬等賭博遊戲，若只是作為休閒的程度還可以，但如果沉迷其中就必須注意了。例如失去退出或停止遊戲的停損點、把生活所需的費用都花個精光，甚至不惜去借錢，這就是**賭博成癮症**。

賭博上癮是一種**行為成癮***，例如無法停止遊戲、上網或購物等，也是同樣的心理狀態。

之所以會進一步強化成上癮症狀，是因為賭博行為具有**部分強化***的特性。只要一進行某事就會得到回報的情形稱為**連續強化**，相較之下，**只有偶爾才能得到回報的部分強化，更具刺激性、更令人容易熱衷其中。**另

WORD 行為成癮：是一種成癮症，沉迷於帶來興奮感的行為中。除了上述的賭博之外，還有購物、偷竊、性愛、減肥、線上遊戲或上網等行為也是。

賭博成癮症檢測表

喜歡賭博遊戲的人，或者一有時間就馬上跑去玩小鋼珠的人，請試著檢測自己是否有成癮的徵兆吧。

- ☑ 腦海中總是想著賭博的事情
- ☑ 賭博輸了之後，為了回本一再賭博
- ☑ 為了追求興奮，用於賭博的金額逐漸增加
- ☑ 為了隱藏賭博的問題而向家人撒謊
- ☑ 想戒掉賭博卻怎麼也戒不了
- ☑ 為了得到賭博的資本，做出不正當的行為
- ☑ 不賭博就覺得煩躁不安
- ☑ 因賭博損害了人際關係、工作、學業等
- ☑ 為了逃避討厭的情緒或問題而去賭博
- ☑ 把因為賭博而導致的債務丟給別人承擔

如果符合上述5個以上的情況，被診斷為「賭博成癮症」的可能性很高，建議立刻去尋求專家的協助。

※根據《精神疾病的分類與診斷手冊》（DSM-IV-TR）資料製成

外，在賭博的部分強化當中，最令人著迷的不定率強化原理也在背後起了作用。正因為賭博沒有一定的報酬率，使人心中抱持著「下次就可以逆轉」之類的期待，導致難以抽身。

若想擺脫賭博成癮症，首先**必須自我認知到這是一種疾病**。另外，要靠自己的力量來切斷誘惑是很困難的，所以必須請求周圍的協助。例如閒暇時間與親近的人一起度過，在物理距離上遠離賭博也是很重要的方式。

小知識　閒暇的人容易著迷

生活單調較少變化的人，比較容易出現依賴賭博的傾向。若是擔心自己沉迷於賭博，或是已經開始涉足賭博場所的人，盡可能把每一天排滿各種活動吧。

WORD 部分強化：對於某些行為，不是每次獲得報酬，而是有時獲得報酬。根據給予報酬的時間或次數的間隔，可分類為定時強化、定率強化、非定率強化等。

煩惱、執著
05

每天都要喝酒

忍不住就喝酒，酒精上癮的可能性很大！

與10年前相比，酒精成癮症患者大幅增加

近年來，包括女性在內，酒精飲料逐漸受到愈來愈多人的喜愛。但是，要注意是否已出現酒精成癮症的問題。根據2014年日本厚生勞働省的全國調查，因為酒精成癮症而需要治療的人數估計有109萬人。相較於2013年80萬人的估計數字則一口氣大幅度地增加了。

人體對於酒精本身是有**慣性***的，最初只要1罐啤酒就足夠了，但是漸漸地相同分量已經無法令人感到滿足。此外，**由於酒精具有和毒品類似的特徵，能夠使大腦麻痺，令人暫時性地忘卻那些痛苦或討厭的事物。**

另外，通常自身很難察覺

WORD 慣性：習慣性地發生或是去做某事的特性。若是指酒精、香菸或藥物等的情況，就是指在持續使用的過程中變得無法停止下來的狀態。

酒精成癮症檢測表

每天都必須喝酒的人，很有可能已經患有酒精成癮症。請回顧最近的6個月，檢視以下符合自身狀況的描述來合計總分吧（每個選項各1分）。

※根據「新久里濱式酒精成癮症篩選測驗」資料製成

男性版

1. 沒有正常吃一日3餐
2. 被診斷為糖尿病、肝病或者心臟病等，接受過相關治療
3. 不喝酒就睡不著的情況很常見
4. 曾因宿醉而請假或失約於重要約會
5. 覺得自己有必要戒酒
6. 經常聽到他人說「如果你不愛喝酒就好了」
7. 曾經瞞著家人偷喝酒
8. 當酒喝光時，會出現發汗、手抖、焦躁不安或失眠等不適症狀
9. 經常在早上或中午就開始喝酒
10. 覺得如果不喝酒自己的生活會變得更好

0分：正常　1～3分：要注意
4分以上：可能有酒精成癮症

女性版

1. 若不喝酒就睡不著的情況很常見
2. 曾經被醫生說過要控制飲酒
3. 就算決定至少今天不喝酒，經常還是不知不覺就喝了
4. 曾經嘗試過減少酒量、戒除酒精
5. 會一邊喝酒一邊工作、做家務或照顧孩子
6. 許多原本應該是自己份內的工作，周圍的人卻逐漸代替妳去做了
7. 經常聽到他人說「如果妳不愛喝酒就好了」
8. 曾經對於自己的飲酒行為感到內疚

0分：正常　1～2分：要注意（如果只是第6題這1分而己算是正常）　3分以上：可能有酒精成癮症

「要注意」或是「可能有成癮症」的人，應該要……

- 找到除了酒精以外的舒壓方式，例如運動等
- 每週至少設定2天是無酒精日，要能夠控制自己
- 絕對不要早上或中午就喝酒，或是為了解宿醉而喝酒

到，這也是酒精成癮症的可怕之處。雖然自己覺得「什麼時候都可以戒掉」，但是卻忍不住每天都要喝酒，或許根本已經處於無法自我控制的狀態了。

只要幾個小時沒喝酒就感覺全身不對勁，或是進一步對工作、家務、人際關係產生阻礙就是酒精成癮症。還有，若是在沒喝酒時會出現**戒斷症狀***的話已經是相當嚴重的狀態，此時就必須進入專門機構住院治療。

小知識　精神上的煩惱也是飲酒原因

近年來，女性及高齡者的酒精成癮症也成為社會問題。原因主要是退休後的空虛感、家庭內的煩惱等，由於成癮狀況根深蒂固，往往很難治療。

WORD 戒斷症狀：在戒除酒精、藥物等過去依賴的物質時會發生的症狀。除了手抖、發汗、不安感之外，還會出現各式各樣的生理及精神症狀。

即使再怎麼沮喪也能振作起來的方法

心情會沮喪其實是有原因的，
讓我們預先學習從失落中重新振作起來的方法吧。

容易沮喪的理由①

抱持著不好的自我概念

自己對自身抱持的印象稱為「自我概念」，對自己抱持正面印象的人擁有自信，所以能夠將他人的斥責轉化為促進前進的動力。另一方面，如果認為「自己是一無是處的人」，一旦陷入挫折中就會出現負面思考的連鎖反應，往往難以重新振作起來。

■負面的自我概念就是這樣形成的

我又犯錯了
我真的是沒有價值的爛人
不管做什麼事情我都會失敗

以被訓斥或失敗起頭，一旦陷入覺得「自己是一無是處的人」的想法中，腦中就會陸續浮現出各種負面的話語。

容易沮喪的理由②

抗壓性低

很少在競爭中輸掉或少有被大力訓斥等經驗的人，經常就是這種狀況。對於壓力的承受能力很低，只要一被責罵就會強烈地責備自己，或是轉而為「惱羞成怒」等，最終往往只會採取沒有建設性的行動。

為什麼你還沒處理好啊？
我也是很拼命地在做耶！

容易沮喪的理由③

覺得自己被別人否定了

有些人只要一被別人訓斥，就覺得彷彿自己所有的一切都被否定了，心裡受到極大的傷害。例如，實際上只是被斥責「犯了錯誤」這件事情而已，只要下次多加注意即可的程度，也感覺像是事態無法挽回一樣的嚴重，因此不斷責罵自己並懊惱不已。

● 被斥責時不感到洩氣的秘訣 ●

●認為「被責罵＝被期待」

不管是誰都討厭被責罵。然而，對於責罵的一方而言，罵人也是一件耗費心力和時間的事情，換句話說，被責罵其實也代表了對方「投資」心力在自己身上。把拿來煩惱和懊悔的精力，轉換在提升自我的方向上吧。

我是受到期待的！

●不要過分責備自己

雖然自己犯了錯誤，但是不代表自己的性格或是個人價值必須受到質疑。提醒自己不要陷入負面思考的連鎖之中，例如「我就是做什麼事都不行，只會一直失敗」等。

●在某種程度上反省之後就停止思考

每個人都會失敗，只要努力不要再次重覆同樣的失敗即可。此外，每個人也都是在不斷失敗之中慢慢地提升自我能力的，所以在某種程度上反省之後，就將思緒轉向思考其他事情吧。

前幾天我被上司責罵了……
不過這是常有的事，所以我不太在意

●「哎呀，算了啦！」這種輕鬆感是必要的

有時候心中累積壓力的人，會突然向周圍的人亂發脾氣來發洩情緒。當遭遇不合理的訓斥時，可以當成耳邊風，或是向信任的人發發牢騷，以輕鬆的態度來看待吧。

●不斷積累小小的成功經驗，建立自信心

提升自我概念，培養不容易沮喪的心。從身邊的小事開始累積「啊哈體驗」（▶P.77），逐漸建立起自己的自信心。

煩惱、執著
06

無止盡「想變瘦」的願望

愈纖瘦就代表愈美麗嗎？

她真的好瘦喔……我該減肥了！
今日打扮
隔天
咦？
妳該不會只吃沙拉而已吧？
嗯！
因為我在減肥中啊——
呃——
妳很瘦了啊！
那種客套話真的可以省了！
不是客套話啊——
我想瘦下來，變得像她這麼可愛！
因為是模特兒當然可愛啊！

最嚴重可能導致死亡的飲食障礙

在現代社會中，無論男女老少，**減肥**都是十分普遍的課題。特別是年輕女性，大多憧憬如同模特兒一般的苗條身材。但是，每個人都想成為像模型兒般的纖細體型，是很危險的想法。因為這可能導致過度激烈的減肥行為，例如在短時間內減掉幾十公斤的體重等。

極端而言，不吃東西的話體重就會下降。可是，如果人體沒有攝取到必需的營養素，在健康方面一定會帶來負面的影響。

減肥就與賭博和飲酒相同，也是一種**行為成癮**（▼P152），一旦沉迷就容易不斷愈演愈烈。過度激烈的減肥，也是造成**飲食障礙症**的原因。所謂飲食障礙

WORD 厭食症：拒絕進食的疾病。由於經常性地不進食，身體慢慢地變得無法接受食物。除了造成停經、骨質疏鬆症之外，還會引起大腦功能低落，最終甚至導致死亡。

引發厭食症的減肥機制

「想要變得美麗」的願望，在不知不覺之間被「愈瘦愈美」的刻板成見所取代。

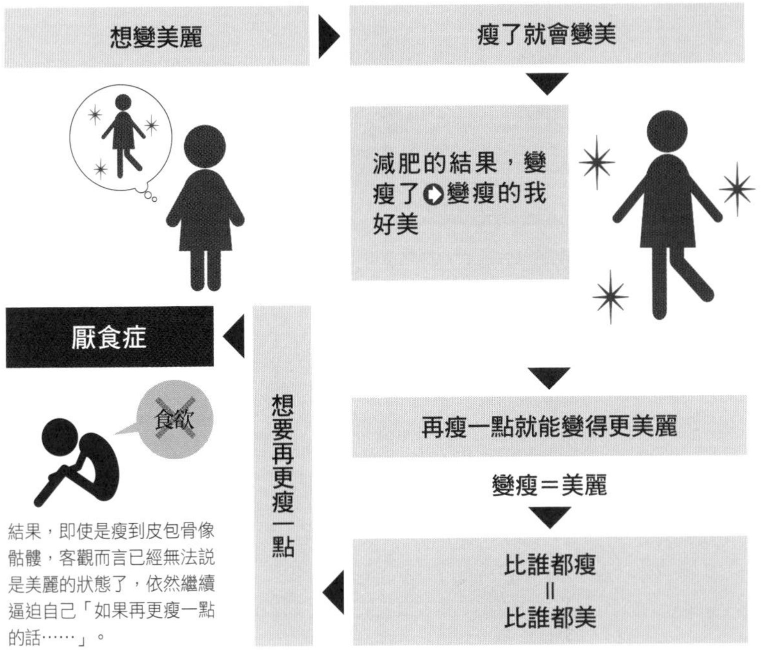
想變美麗
瘦了就會變美
減肥的結果，變瘦了➡變瘦的我好美
再瘦一點就能變得更美麗
變瘦＝美麗
比誰都瘦
＝
比誰都美
想要再更瘦一點
厭食症
食欲
結果，即使是瘦到皮包骨像骷髏，客觀而言已經無法說是美麗的狀態了，依然繼續逼迫自己「如果再更瘦一點的話……」。

症，有無法吃東西的**厭食症**＊以及無法抑制食欲而大量進食的**暴食症**＊這兩種，不過，出現某種飲食障礙的患者，通常也很容易伴隨著另一種症狀發生，兩種飲食障礙症狀輪流交替出現的情況也很常見。另外，飲食障礙症也會**引發自殘行為、抑鬱症狀等精神方面的問題**。

並不是無止盡地變瘦就一定會變更美麗，認清對自己而言最適當的體重，採取有計畫的、健康的瘦身策略吧。

小知識 容易罹患飲食障礙症的性格

容易患厭食症的人，是性格認真、自律甚嚴的類型。另外，心中抱持著自卑感、經常覺得「討厭自己」的人則是比較容易罹患暴食症。

WORD 暴食症：一口氣吃下大量食物的症狀。這類患者因為害怕發胖，經常出現只咀嚼而不吞下、吐出吃下的東西、吞瀉藥促進排泄等行為。

煩惱、執著 07

如果沒有網路就覺得不安

終日沉溺於虛擬世界中

今天早上的課，你沒來對吧？
昨天上網到半夜，早上睡過頭了啦
下一堂課是在6號館啊！
好遠喔—
對啊！
在家
你從回家到現在就只知道一直玩手機！
好啦、好啦
不要敷衍我
快點動起來！
真囉唆耶——嘮嘮叨叨的……
好—啦
衝啊！啊，可惡！嗚哇！
喀噠
喀噠
喀噠

基於渴望得到肯定的心理而依賴網路

在人類的心中，有著想要和誰變得親近的**親和需求**（▼P29）。沉迷於網路社交和線上遊戲的人，或許大多也是出自於這種心理吧。

網際網路是一種是跨越全世界、與完全陌生的人也能相互聯繫的科技工具。在網路上也有能夠匿名參加的空間，使人將平時無法說出口的內心「低語」接連發送至網路上。

但是，一旦沉溺於**虛擬***的世界中，就會逐漸和現實世界脫節。例如在和別人見面時也很在意手機、如果沒有人對自己發表的文章有反應就會感到不安，或是直到深夜還一直在玩線上遊戲或掛在社交網路上頭，導致日復

WORD 虛擬：沒有實體的、假想的、擬似的。有時候也用來指稱虛擬實境（virtual reality）、虛擬世界等。

網路成癮症檢測表

在科技發達的現代，電腦、平板電腦或智慧型手機等裝置很輕易地就能連接上網絡，因此人們在閒暇時刻總會忍不住隨時隨地上網。確認一下自己是否過度依賴網絡吧。

- ☑ 回過神來才發現自己使用網路的時間比預期更久
- ☑ 有時候會在網絡上結交新朋友
- ☑ 上網時，即使有時候想停止卻怎麼也停不下來
- ☑ 上網的時候，心中的擔心或壓力會平靜下來
- ☑ 比起和別人一起打發時間，有時寧願選擇上網
- ☑ 若是在上網時被打擾，有時會感到焦躁或生氣
- ☑ 即使有應該要做的事情，還是會先上網一下
- ☑ 如果沒有網絡，覺得生活會變得無聊、空虛、乏味
- ☑ 曾經因為上網，導致工作或學習的效率及成果下降
- ☑ 在日常生活中滿腦子都是網路的事情

在上述10個項目之中，如果自身情況符合5項以上，你就極有可能是網路成癮症患者。

符合5項以上的人，應該要……

- 意識到自己有網路成癮的傾向
- 設置時間限制等，有意識地空出時間以遠離網路
- 把想要上網的衝動轉換成別的行動（出門、找朋友等）

一日的睡眠不足。如果發覺自己身上已出現類似的行為，這很有可能就是**網路成癮症**。

在工作或人際關係上不順利，心中出現空虛感或無氣力感的人更是特別危險。在心理學領域，**已有由於網路成癮症而導致不安、幻想或錯亂等嚴重精神症狀的案例**。

話說回來，愈是渴望朋友或**尊重需求***強烈的人，愈是容易著迷於虛擬溝通的類型（virtual communication）。為了避免變成網路成癮症患者，在現實的人際關係之中，創造出自己能夠存在的場域也是非常重要的。

小知識　沒有時間限制的網絡恐怖性

與現實世界不同，在網絡世界是沒有時間限制的，所以有時候會令人忘却時間。因此，提醒自己要設定時間限制，有意識地控制自己的上網行為。

WORD 尊重需求：渴望獲得肯定及尊重的需求，可分為兩種：尋求自己以外的別人肯定的「他人尊重」，以及自己肯定自己達成自我理想的「自我尊重」。

煩惱、執著
08

不管幾歲還是無法獨立

媽寶、爸寶的心理

怎麼沒什麼好工作啊～
小智，吃飯囉
今天我煮了漢堡排喔
你喜歡吧
謝謝媽媽
洗澡水幫你放好囉
好喔
明天出門的衣服幫你整理疊好了，記得要穿唷
好喔

丈夫缺席的家庭環境造成母子相互依存

媽寶、**爸寶**是大眾所熟悉的用詞，不過在心理學上認為這是一種**情結**（複合意識），稱為**戀母情結***、**戀父情結***。

根據**弗洛伊德**的理論，每個人在年幼的某個時期，都會出現對異性父母的執著心理。隨著之後在成長過程中對於異性戀情的覺醒，原本對父母的執著情結也會逐漸消失。但是，若是在成長過程中沒有克服這種情結的話，孩子無論年紀多大都還是會處於過度依賴父母親的狀態。

媽寶一般是針對男性使用的詞彙，但是最近也能夠看到母親和女兒之間關係密切的情況。

從父親缺席的家庭環境背景之中，能夠窺視到一些端倪。**由**

WORD 戀母情結（Oedipus Complex）：又稱伊底帕斯情結，由弗洛伊德提出，是一種對母親執著、對父親抱有敵意的男孩心理。名稱典故來自於弒父娶母的伊底帕斯王子（希臘神話）。

在人類的成長過程中，欲力（libido）如何變化？

弗洛伊德根據欲力（性欲望）的對象不同，區分出兒童發展的5個階段。

口腔期

0～18個月

嬰兒藉由吸吮乳汁或啃咬來獲得嘴唇的快感。對嬰兒來說，哺乳是他們與外界交流的基本手段。

肛門期

1～3歲

藉由排泄行為感覺到肛門快感。在訓練上洗手間的過程中，藉由父母的訓斥或表揚，學會控制自己並建立起自信心和自立性。

陰莖期

3～6歲

對自己的性器官抱持強烈的興趣，根據性器官的不同而認知到性別。對異性的父母投以性的欲求，憎恨同性別的父母。

潛伏期

6～12歲

一時性地壓抑欲力（性的需求），將精力轉移至學業或朋友關係等方面。

生殖器期

12歲～

與自己身體部位相關的部分性欲求被整合起來。隨著身體的成熟，性的欲求也轉向異性。

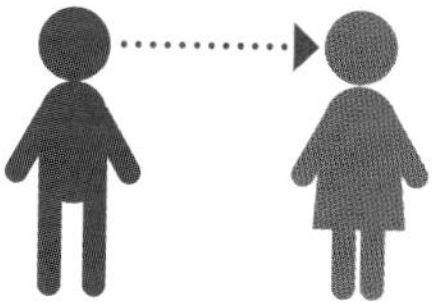

於寂寞和不滿，原本應該對父親（也就是丈夫）所傾注的愛情和期待，全都轉向灌注於孩子的身上。於是，這種心情就以無微不至照顧孩子的**過度保護**，以及強迫孩子依照父母想法行動的**過度支配**等形式表現出來。

在這種環境中長大的孩子，由於父母的過度保護或支配，永遠無法學會自立，另一方面，父母也是，永遠無法把孩子視為成熟的成年人來尊重。彼此建立起互相依賴的**共依存**關係。

用這招！心理技巧……

以獨居生活來強制自立

若想要離開父母，孩子自身強烈想要自立的意志是非常重要的。開始一個人獨居生活，和父母拉開物理上的實際距離也是有效的手段。

WORD 戀父情結（Electra Complex）：又稱厄勒克特拉情結，由榮格命名，是一種想要獨占父親、對母親懷有敵意的女孩心理。厄勒克特拉是在希臘神話中登場的人物。

煩惱、執著 09

什麼是男性化、女性化？

「少女心男子」和「男子漢女子」持續增加

由於天生性別和成長環境所造成的性別差異

不管是誰，應該都曾經聽過父母或周圍的人說過「要像個男孩子」、「因為妳是女孩子……」之類的話語吧。不過，剛出生的嬰兒其實並不具備這種「要像個～」的概念。這是孩子在成長過程中藉由周圍自然傳入的訊息或教育而學習到的概念。因此，**什麼是男子氣概、什麼又是女人味，根據國家或文化背景的不同，也各有所差異。**

以前，一般認為天生的性別和「男性化、女性化」等的社會性別差異應該是一致的，不過，現在已將兩者區別開來，前者稱為**性**，後者稱為**性別***。

過去一般經常提到的男性

WORD 性別（gender）：在社會、文化意義中的性別。相對於以「性」（sex）來指稱生物學上的兩性差異，「性別」（gender）則是指稱社會意義上的性別差異，例如社會觀感所要求的性別角色等。

少女心男子、男子漢女子調查

以下項目分別是用來檢測男性化、女性化的判斷基準，請試著確認自己性格中的男性化和女性化程度吧。根據自身符合描述的程度，在（　）中填寫上相應的分數。

非常不符合	1
不符合	2
稍微不符合	3
兩者皆不是	4
稍微符合	5
符合	6
非常符合	7

性別角色量表（BSRI: Bem Sex Role Inventory）項目

男性化項目		女性化項目	
●有自信	（　）	●順從	（　）
●遭遇反駁時會再反駁回去	（　）	●開朗明亮	（　）
●不依賴別人	（　）	●內向	（　）
●擅長運動	（　）	●溫柔	（　）
●自我主張強烈	（　）	●受寵愛時會很開心	（　）
●個性倔強	（　）	●忠誠	（　）
●作風強勢	（　）	●女人味	（　）
●分析性思考	（　）	●容易產生共鳴	（　）
●擁有作為領導者的能力	（　）	●馬上就能明白別人的需要	（　）
●冒險犯難	（　）	●通情達理	（　）
●決斷很快速	（　）	●富有同情心	（　）
●自己什麼都能辦到	（　）	●想要安慰受傷的人	（　）
●向別人下達命令	（　）	●用字遣詞很溫柔	（　）
●男子氣概	（　）	●溫暖	（　）
●明確提出自己的立場	（　）	●善待他人或物品	（　）
●具有積極性	（　）	●容易相信	（　）
●言行舉止有領導人的風範	（　）	●天真無邪	（　）
●個人主義的	（　）	●避免使用激烈的言詞	（　）
●與人競爭	（　）	●喜歡孩子	（　）
●胸懷大志	（　）	●情感細膩	（　）

化、女性化等性別特質，大致是源自於男性赴外戰爭或工作、女性守護家庭的歷史脈絡中形成的**性別角色**分工。在女性也走入社會的現代生活，這種傳統的性別觀念已經愈來愈不適切，因此，沒有必要對於「我不像男人（女人）」而感到煩惱。

只是，除此之外也有些人由於認為「自己是男性（女性）」的這種「**性別認同**」與實際上的生理性別不一致而感到煩惱。這是一種名為「**性別認同障礙***」的精神問題，有時候也會面臨需要進行變性手術的情況。

小知識　男人腦和女人腦的差異

一般認為男性是右腦發達、女性是左腦發達，還有女性連接左右腦的胼胝體比較大。這種天生的生理差異，再加上個體差異，就形成了每個人獨特的個性。

WORD 性別認同障礙：一種精神方面的狀況，由於生理性別和自身心理對性別的認知不一致而感到非常煩惱，並且在生活中面臨許多困擾。

煩惱、執著
10

不想變成大人

拒絕出社會的永恆少年

依賴父母或周圍的人而生活

彼得潘是居住於妖精之國的永恆少年，這個童話至今仍然受到全世界孩子們的喜愛，不管是誰，應該都曾經夢想過「如果自己能永遠當個孩子就好了」。

即使是在現實世界中，也有人會出現拒絕成為大人的情況。這就是由美國心理學家丹・凱利（Dan Kiley）命名的**彼得潘症候群**＊患者的心理狀況。

不想成為大人的理由，包括**不想承擔作為社會人的責任、害怕性方面的成熟等情緒**。同時，彼得潘症候群患者的共同心理，就是**認為社會是一個「充滿謊言的、骯髒的世界」**。

若是以一名社會人的身分嘗

WORD 彼得潘症候群：屬於一種人格障礙，這是在1983年時美國心理學家丹・凱利提出的概念。他以永遠不會長大的彼得潘作為比喻，指稱在精神上無法成熟的男性。

拒絕長大的各種症候群

與彼得潘症候群相似，其他還有以下各種拒絕長大的症候群。

中途下車症候群

沒有我的
位置……

即使出社會工作也找不到自己的容身之處，只能不斷在短時間內離職、重新找別的工作等。

仙杜瑞拉情結

對於男性抱持高遠理想、渴望依賴男性的心理狀態。這是女性特有的心理，期待自己在社會中發揮獨特個性和創造力，同時卻又渴望依賴某人的矛盾心情。

工作
理想的男性

成年小孩

我還不想
出社會啊

到了應該自立的年齡，卻無法確立自我的方向，只能暫時停留在延宕期（進入社會之前的緩衝期間）的階段。

※另外，還有因為過分追求理想，導致無法適應現實的人際關係或環境、不斷持續尋找自我的「青鳥症候群」，這也是拒絕長大的症候群之一。

試適應環境、努力過生活的人，不需要太多擔心，不過，若是難以面對社會生活的人，例如已經長大成人卻依然在經濟上依賴父母、無法和異性自然互動等，這就會是個大問題。

如果一直躲在「自己的家」這種安全的地方，是難以期望自己在精神上會變得成熟。**積累各式各樣的經驗、多多與人交流，培養作為獨立人的價值觀**，都是必要的成長手段。

小知識 在日本也是常見的症候群

成長於父母不睦的家庭，身兼父職的母親將全副心力灌注於孩子身上，這也是導致彼得潘症候群的原因之一。在缺乏成年禮儀式、父親經常在家庭內缺席的日本社會中，這或許也是十分常見的狀況。

煩惱、執著
11

如何才能擁有一顆柔軟的心？

「自以為是」的強迫性思維導致思考僵化

拋棄「一定要～」的想法

在本章中解說了人類心理上各式各樣的煩惱。其中許多煩惱的共通原因，其實就是「一定要～」的這種**強迫性思維***或一廂情願的想法，它們會使人自我束縛、把自己困在死胡同之中。例如，一旦深陷「不努力的人就是沒用的人」、「如果沒有○○的話就無法活下去」、「不變瘦的話就不美麗」之類的想法中，思考就會出現**偏誤***，變得無法自我控制情緒。

人並不需要在各方面都顯得完美。同時，每個人之間也是千差萬別，擁有獨特個性是一件好事。在你心中認為「應該這樣才對」的理想完人，其實到哪裡都不存在。

WORD 強迫性思維：無關於本人的意志，就是會不斷浮現於腦海中的想法。經常會帶來不愉快和不安的感覺。在普通人身上也會出現，若是長時間持續下去的話，往往會伴隨著極大的痛苦。

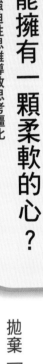

如何擁有柔軟的心

在失落沮喪的時候、煩惱掙扎的時候，請試著暫時停止思考並採取以下介紹的行動，幫自己找回正向的能量吧。

行動❶ 去運動之類的，活動一下身體

健行、慢跑或者去健身房等，讓身體流一流汗。原本鬱鬱寡歡的心情也會舒暢起來。

行動❷ 和朋友相聚

找知心的朋友外出走走、吃飯聚餐等。不要一個人默默承擔問題，如果遭遇任何的煩惱，不妨向值得信賴的人傾訴心事。

行動❸ 看電影

沉醉於與現實完全不同的電影世界之中，最適合使人忘卻那些討厭的人事物。盡情地流淚、歡笑，進行一場「心靈體操」。其他像是聽音樂、閱讀之類的活動也很不錯。

行動❹ 傾吐內心的負面情緒

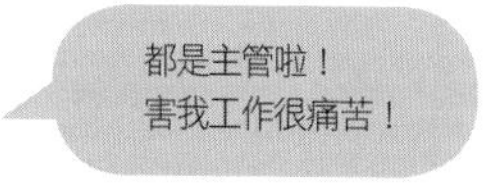
都是主管啦！
害我工作很痛苦！

如果心中有負面的情緒，可以幫自己設定一段時間（例如1分鐘），全心全意地只想著那件事、付諸言語等。例如「我因為〇〇的關係，覺得很痛苦！」等，試著將這些想法大膽地說出口更好。

因此，有時候也要放鬆下來，學著以「好啦，算了吧！」的輕鬆心態來面對事物。此外，**當你心中冒出自己不喜歡的情緒時，例如憤怒或嫉妒等，坦然接受自己的狀態也是十分重要的。**

這樣一來，**心靈就會變得柔軟，能夠以更加寬容的方式來接受自己和他人。**這麼一來，你也應該可以從「自己是沒用的人」或「討厭自己」等負面自我暗示的苦痛處境中解放而出。

小知識　以正向言語找回積極的心態

言語和心靈是相連的。舉例來說，就像是負面的言詞會讓心情變得更加消極等。在話語中避免使用否定句，多多使用肯定句吧。在不知不覺之間，心情應該也會變得更加開朗明亮、積極向上喔。

WORD 偏誤（bias）：以扭曲的態度來看待事物，對於迥異於真實情況的想法深信不疑。例如偏見、成見或是強迫性思維等。

信箱中是誰寄來的信？

Q 在紅色的信箱中有寄給你的信。請回答以下問題。

1 信箱中有幾封信？

2 你從其中拿起了一封信，那是誰寄來的信？

A 朋友　**B** 父母

C 戀人　**D** 職場的人

3 那封信的內容對你來說並不是令人感到高興的事。你會將那封信如何處置？

A 撕碎丟掉　**B** 重讀好幾遍

C 開始寫回信　**D** 放回信箱中

解說➡P188

PART 6

享受適合自己的戀愛的心理學

為什麼會喜歡上別人？想要被某個人喜歡，應該怎麼做才好呢？
不管任何時代，戀愛煩惱總是無窮無盡。
好好地了解自己，提升自己的戀愛能力吧。

戀愛
01

墜入情網那一瞬間的心理狀態是？

激發戀愛情愫的機制

小鹿亂撞、不安感，成為「喜歡」的原動力

「我喜歡那個人」，戀愛的開始，總是在人們不經意的時刻翩然來到。人們是在什麼時候和契機喜歡上另一個人的呢？

　從心理學的角度來看，有時候「誤解」也是戀愛的根源，心理學用語**吊橋效應**就是在描述這種心理狀態。吊橋效應一詞，出自於心理學家**達頓**（Dutton）的知名心理實驗（請參照左上圖）。**有不少人在遭遇刺激或危險時，會將心跳加速的不安感當成是喜歡上對方的感覺，進而陷入戀情中**。這種誤解又稱為**歸因謬誤**＊。因此，如果邀請在意的對象一起去鬼屋或玩驚險的遊樂設施等，能夠帶來類似的效果。

　另外，還有一個心理法則，

WORD　歸因謬誤：無法正確判斷造成某事或狀況的真正原因，而誤解為是由其他原因所造成。

心理檔案 9

刺激感使人產生戀愛錯覺

實驗 加拿大心理學家艾倫和達頓（Aron & Dutton）進行了一個吊橋實驗，藉此調查生理變化對於戀愛心理的影響。男性受試者被指示應該要通過「高度3公尺的固定矮橋」或是「高度70公尺的搖晃吊橋」，並且在橋上接受問卷調查。進行問卷調查的是一名女性，她告知受試者「若想知道問卷調查結果的話，請打這支電話給我」，並且將自己的電話號碼遞給男性。

高度3公尺的固定矮橋　　**高度70公尺的搖晃吊橋**

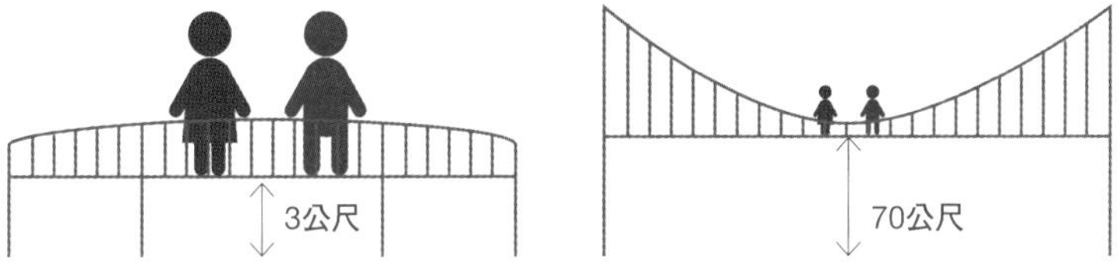

結果 相較於走固定矮橋的男性，在吊橋上接受問卷調查的男性打電話比率呈現壓倒性的多數。

將不安穩場所引發的生理變化（例如心跳加速等）誤認為是戀愛的徵兆，出現歸因謬誤的情況。

就是**不幸的人往往更容易陷入戀愛中**。在工作和戀愛上失敗、當人生不順遂的時候，人會失去自信，自我評價也會隨之降低。這麼一來，由於容易感到不安，因此會希望藉由和某人在一起來獲得安心感。這是**親和需求**（▼P29）高漲的狀態。因此，**想要進攻對方的心時，就要瞄準對方情緒低落的時候**。雖然說起來好像是在利用對方的不幸，但是對方也會因為自己被他人喜歡而重新找回自信、變得幸福，所以就結果上而言還是好事一樁。

用這招！心理技巧……

黑暗會導致情緒高漲

根據心理實驗的數據顯示，比起明亮的地方，人處在黑暗空間時的親和需求也會提高。因此，若想要邀請對方約會時，挑選在燈光昏暗的場所會更有浪漫效果。

愛子，妳的男友根本和妳之前說的喜歡類型完全不一樣嘛！
對啊～
吸吸
…
好吃—
……
吸吸—
怎麼了嗎？
妳不是喜歡拉麵嗎？
很好吃喔♪
嗯～～
沒事啦
好吃嗎？
超好吃！

戀愛
02

為什麼會喜歡上那個人呢？

明明不是喜歡的類型卻愛上對方

相似的人容易變得親近

當被問到「你的理想伴侶類型是？」的回答，往往和自己實際交往的人毫無相似之處。就連自己本身，應該有時候也會想歪著頭思考：「為什麼我會喜歡上你呢？」

理由之一是「容易喜歡上和自己相似的人」，這就是**配對理論**＊所描述的心理狀態。除了戀愛之外，像是興趣相投等，只要發現和對方有共同點，彼此的關係就能立刻破冰、變得親近，這應該是大家都曾經有過的經驗吧。

另一方面，也有些人會喜歡上年紀大如父母輩的人。特別是女性喜歡上年齡差距極大的男性長輩，也是相對常見的配對模式。這就是從所謂的**父控**＊（戀

WORD 配對理論（Matching Theory）：美國經濟學家阿爾文・羅思（Alvin Elliot Roth）提出的理論。人們比較喜歡和自己擁有相似外表或社會地位的對象。

心理檔案 ⑩

喜歡上與自己相似的人的心理

實驗 **以相似性和魅力度的關係為主題，美國心理學家伯恩和納爾遜（Donn Byrne & Don Nelson）進行了以下的實驗。**

1 以168名大學生為對象，實施了針對各種社會現象的問卷調查，請他們對每個項目表示「贊成」或「反對」等意見。

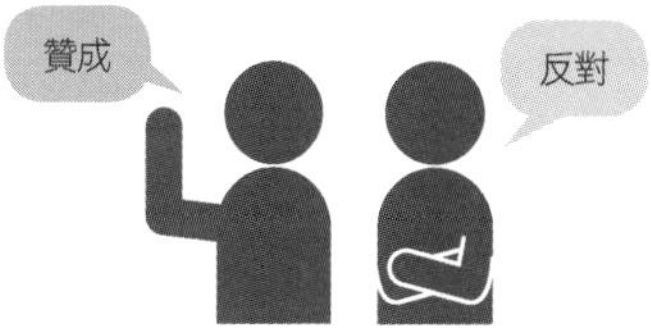

2 讓受試者看幾份關於❶調查問卷的虛構答案卷，並請受試者藉此評價那些架空人物的魅力。在這個階段，準備了與受試者意見相似的回答卷、意見相反的回答卷等好幾種不同類型的虛構答案卷。

結果 若調查問卷中的回答與自己相似度愈高，對於那個人抱持的好感度也愈高。也就是說，人們認為與自己意見愈相似的人愈是顯得更有魅力。

覺得與自己想法相似的人更顯魅力。

表：作為決定對人產生好感的「態度相似比率」與「相似態度程度」之比較

態度相似的比率	相似態度的數值			
	4	8	16	全體
1.00	11.14	12.79	10.93	11.62
0.67	10.79	9.36	9.50	9.88
0.50	9.36	9.57	7.93	8.95
0.33	8.14	6.64	6.57	7.12
全體	9.86	9.59	8.73	

※數值是好感度的平均值，數值愈高表示好感度愈高。
（此表根據Byrne & Nelson, 1965 年的研究資料製成）

父情結）心態發展而來，想要從年長男性的身上尋求過去在父親身上未曾得到過的疼愛。

喜歡上自己的朋友，也就是說從友情逐漸轉化成愛情，是男性身上比較容易發生的情況。社會心理學家**魯賓**（Zick Rubin）從實驗中發現，女性會斷定「朋友就是朋友」而做出切割，男性卻容易對女性朋友抱持著性方面的期待。同時，也有實驗資料顯示，**男性比較容易將女性朋友的友情誤解為「戀愛情感」**。

小知識 **「父控」並不是心理學用語**

「父控」是日本社會中獨創出來的通俗用語。心理學領域上的專業用語「戀父情結」（厄勒克特拉情結）（▼P162），指稱女孩因為想要獨占父親而敵視母親的情結，就是類似父控的心態。

WORD 父控：語源來自於和製英語「father complex」的略稱，指對於父親抱持著強烈仰慕、異常執著的心理狀態。

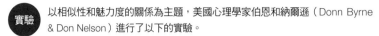

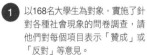

使戀愛關係長久維繫下去的祕訣

戀愛無法持久的原因，其實出在自己身上的情況並不少見。
如果想要加深兩人之間的感情，最重要的就是打從心底接受對方。

加深戀愛關係的要點和對策

在戀愛剛開始的時候，雙方的相似性，例如擁有共同興趣、想法相似等，對於彼此變得親近是有幫助的。但是，如果想要進一步加深彼此的關係，尊重對方、有時克制自己的某些想法也是必要做法。

Point 1 構築起互補的關係

要想進一步加深兩人的關係，除了彼此的相似之處以外，在對方身上找到自己缺乏的特質、展現各自獨特的魅力、相互彌補缺點（建立互補關係）等，在經營戀愛關係上也是相當關鍵的面向。

對策 了解自己、了解對方是很重要的。此外，在尊重對方長處的基礎上，建立起能夠相互彌補短處的關係，就能長久發展下去。

○擅長制定計畫
×不擅長管理金錢

○擅長管理金錢
×不擅長制定計畫

Point 2 不要太過理想化對方

在深入交往之前，擅自在心中建立起對方的理想形象，這是很危險的做法。像是「怎麼跟原本以為的不一樣？」，當對理想和現實之間的差距感到失望時，戀情也會隨之冷淡下來。

對策 捨棄理想或想像，接受對方真正的模樣。另外，不要一味只在意對方的缺點，而是以積極心態去關注美好的地方。

Point 5

雙方認真溝通交流

把自己的想法，好好地用言語或態度傳達給對方了解。必須理解到「就算我不說，對方也能明白吧」的想法，只是一種單方面的任性及撒嬌。

對策 除了言語之外，眼神接觸和肢體接觸也是重要的互動手段，切記不可忽視。

即使是性格完全相反的兩人，戀愛關係也可能進展順利

也有一些性格正好相反，彼此卻剛好能相容的組合，例如，聒噪多言的人與沉默寡言的人、依賴心很強的人與支配欲很強的人等。人類本來就是互相幫助的生物，即使一個人本身並不完美，只要能夠與另一半互相彌補就沒問題。

Point 3

尊重對方與自己的不同之處

不要因為對方和自己有不同的興趣或想法，就責備對方、強迫對方服從己見，必須打從心底尊重對方的喜好和想法。構築起能夠互相尊重彼此「差異」的良性關係。

對策 真誠接受對方，有時候必須懂得壓抑自我的堅持。不過，如果兩人價值觀落差太大的話，關係也可能無法順利發展下去。

Point 4

比起自己，更為對方的處境著想

懂得愛他人的「對象愛」此種心境不夠成熟的人，雖然是在談戀愛，但往往實際上只是滿足了自尊心而已。把自己看得比任何人事物都還重要，關係當然無法長久。

對策 這是戀愛經驗或人生經驗較少的人容易陷入的模式。多與各式各樣類型的人交流，積累與他人互動的經驗，藉以提高自身的人際經驗值。

戀愛 03

無法抑制嫉妒心

太愛吃醋可能會導致戀情破局

我又跟男朋友吃醋了啦
嗯嗯
說是跟朋友聚餐，結果也有女生在場，之類的事
因為妳男友很帥啊
工作上也是，只要他和其他女人說話，我就會忍不住嫉妒
那個
男友
呃——那麼嚴重啊？
就連男友養的貓也會吃醋……
小露娜
竟然用那麼甜蜜的聲音叫牠……
啪嘰
太誇張……
妳病情很嚴重耶……

自我肯定感低落，導致占有欲高漲

喜歡一個人時自然會想要獨占對方。但是，如果會暗自偷偷檢查對方的手機或筆記本，或者對方只是和異性說話就會使你**嫉妒**不已，那就須多加注意了。這種態度容易令對方感到厭煩，甚至會真的在情感上離你遠去。

占有欲強烈、想要獨占對方的人，其實一直被心中「對方是不是會離開我？」的不安感威脅著。**由於自我肯定感低落，沒有自信能夠得到他人的愛**。所以，試著累積小小的成功經驗（啊哈體驗▶P77）、坦率地接受讚美之詞，積極說出「謝謝」或「真開心」等正向話語，以這些心理訓練來提升自我肯定感吧。

忍不住會嫉妒的理由

想要獨占喜歡對象的心情，是一種人之常情，然而，在過於強烈的嫉妒心背後，或許是有一些其他的心理作用所導致。

占有欲強烈

只是想要把對方當成自己的東西。通常自我肯定感低落是主要的原因。

顯示出自己本身的願望

無意識地自我壓抑著「想要和其他異性親近」的願望，並且投射於對方的行動上。

過去的經驗

過去曾經遭遇戀人劈腿、另一半出軌的經驗，變得無法再相信異性。

抑制嫉妒心態的方法

尊重對方

每個人都應該擁有自由和隱私。即使是在戀愛關係中也一樣，必須理解到自己不能束縛對方的行動。

擁有其他可以熱衷的事物

擁有令自己熱衷其中的事物，例如工作、興趣等。把心思分散到其他事物，避免把全副精力放在嫉妒上，這麼做的同時也可以提高自我肯定感。

篩選對象

在性格上，也有容易見異思遷的類型（遊戲之愛▶P.185）。若你是容易嫉妒的人，就要刻意避開與這種性格的人談戀愛。

同時，沒有什麼可疑理由就容易嫉妒的話，或許自己內心深處也可能抱持「自己也想和異性親近」的渴望，只是無意識地壓抑著罷了。這種情況稱為**投射**＊，是心理的**防禦機制**（▼P68）之一，人會把自己內心某個不便啟齒的想法，投射於對方的言行之上。首先，第一步就是承認自己內心擁有這樣的渴望，此外，不要勉強自己去斷定「什麼是不可以做的事」也很重要。

小知識　嫉妒是從自戀情緒中產生的

嫉妒是一種自戀情緒被傷害時會產生的感情。想要抑止嫉妒心出現，可以用其他方式來滿足自身自戀情緒的需求。在戀愛以外的領域多做努力，增加自信也是不錯的方法。

WORD▶ 投射：一種無意識下的心理作用，不願承認自己內心的壞念頭，轉而認為那是對方心中會抱持的想法。

戀愛
04

無法忘掉已分手的前任

太過依賴對方或性愛也是可能的原因

如果不恢復自信，就會被過去拖住腳步

不管是誰，遭遇失戀時都會受到巨大的傷害，這是因為幸福狀態破滅，會有這樣的感受也是理所當然。同時，被提出分手時，就像是自己被否定了一樣，也是重擊。不過，幸好隨著時間的流逝，記憶和心理的痛楚也會逐漸消退。

但是，如果痛苦的心情持續了好幾年，無論如何也無法忘記已分手的對象，是非常困擾的一件事。遲遲無法站起來面對未來或新戀愛、難以修復受傷的**自尊心**，結果，只會陷溺在無法擺脫過去戀情的惡性循環之中。

此外，萬一把這種無法放下對方的心情付諸行動，很可能會進一步轉變成**跟蹤狂行為**＊，做

WORD 跟蹤狂行為：對某些人物的執拗糾纏的行為。根據日本政府於2000年頒布的《跟蹤狂規制法》，跟蹤行為已被視為一種犯罪。

從失戀之中振作起來的方法

雖然失戀的時候會一度感到低落，但是隨著時間的流逝，就能夠跨越那些痛苦的經驗。

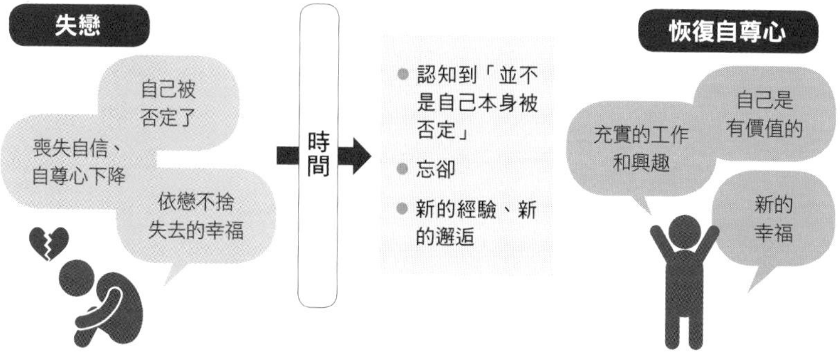
失戀
自己被否定了
喪失自信、自尊心下降
依戀不捨失去的幸福
時間
● 認知到「並不是自己本身被否定」
● 忘卻
● 新的經驗、新的邂逅
恢復自尊心
充實的工作和興趣
自己是有價值的
新的幸福

無法從失戀中走出來則會……

被過去拖著腳步、反覆自我否定、不再期待未來等，遲遲無法恢復自信，永遠無法忘記痛苦的經驗，陷入負面的惡性循環中。

不斷反覆思考失戀的理由

即使對方解釋了想分開的理由，心中還是無法接受，一個人反覆自問自答。怎麼也找不到答案，只是徒然地浪費時間。

放棄被否定的自己，或是再也無法肯定自己

對於自己被否定一事受到極大打擊，導致喪失了自信。或是覺得「反正我就是沒用的人」而自我放棄，再也不想努力改變。

執著於已經失去的關係

自認「我再也遇不到這麼好的人了」、「我再也無法得到幸福了」等，不再在乎是否有新的邂逅機會。

出犯罪的行為。

在這種異常強烈執著的背後，也許包含著**成癮***的心理。由於**對性愛或戀人成癮，如果缺少了對方就無法生存下去**。一旦執著情緒高漲，對於日常生活和人生本身造成障礙的話，就是**依賴症**的狀況。這麼一來，必須借助專家的協助，才能夠從失戀情緒中掙脫而出。

所謂失戀，只是戀愛狀況變差的結果而已，並不代表自己受到否定。將這兩件事情切割開來、找回自信是很重要的。

小知識　依賴施暴丈夫而生存

受到家庭暴力（Domestic violence，簡稱DV）卻無法離開的人，其實也是受到成癮的心理作用使然。雙方陷入必須從對方身上來確立自身存在理由的「共依存」關係之中。

WORD 成癮：對某些事物的強烈執著。根據成癮的對象不同，可區分為「物質成癮」、「行為成癮」、「關係成癮」這三大類型。

想要了解喜歡的人的真實心意

視線、表情、動作舉止等非語言溝通，是了解一個人情感的重要線索。不只是在傳達自己的心情上，在了解對方的心意時也具有很大的幫助。

只要冷靜地觀察，就能了解對方的心意

喜歡的對象，究竟是怎麼看待自己的呢？若是直接詢問對方需要莫大的勇氣，不如先從外表和舉止來探究對方的內心狀況吧。不過，如果心中抱持「想被對方喜歡」的期待，往往會下意識地將對方言行解讀為對自己有好感，所以必須冷靜地進行觀察。如果順利的話，從視線、表情、言行舉止等，有很高的機率能夠解讀出對方的真實心意。

代表是否抱持好感的信號

●有好感

- □ 對方的臉朝向自己
- □ 身體朝向自己、身體往這方探出
- □ 自己和對方的身體距離很近
- □ 無論在何種情況下與對方接近或碰觸，對方都不會覺得討厭

- □ 頻繁地更換腿部姿勢（對方是女性的情況）
- □ 視線相投的頻率很高
- □ 經常對自己露出笑容
- □ 對話中經常出現第一人稱
- □ 在對話中多使用強調語氣或積極正向的話語
- □ 自己喝咖啡時，對方也喝咖啡等等，在相同的時間點採取相同行動

話說，
我前幾天發現一件
很厲害的事情喔

●**沒有好感**

- ☐ 手臂交叉於胸前
- ☐ 坐著時雙腿併攏（對象是男性的情況）
- ☐ 兩人在一起的時候，刻意保持一些距離
- ☐ 把東西放在兩人之間
- ☐ 以手托腮
- ☐ 握著拳頭
- ☐ 不將臉部和視線投向自己
- ☐ 當自己說話時，對方會被其他事情拉開注意力
- ☐ 不稱呼自己的名字

談話的內容也很重要！

在對話或訊息中使用「非常」等強調性用語，或是「真高興」、「很開心」等正向積極的用詞，就是對方對你抱持好感的證據。另外，若是經常使用第一人稱來說話的情況，也是「希望對方了解自己」的心情表現。

那家店的午餐，超級好吃的喔
謝謝你傳訊息，我好開心唷
我養的寵物牠啊……
上次的露營，玩得真愉快呀

戀愛 05

該怎麼選擇合適的對象？

談一場讓人生閃閃發亮的戀愛吧

我的生活不想被別人干涉太多
前男友A
我想要有自己的時間
自己只能排在第二順位，好寂寞……
總是一個人哭泣……
一直想著妳的事，晚上都睡不著覺！
前男友B
妳昨天在幹嘛？
對方占有慾太強，真的很辛苦……
分手的時候也很慘烈
嘿♪
來打電動
好呀♪
雖然很像朋友，但還是和他在一起最悠然自在呀……
很弱喔
怎麼會!?
再玩一局！

彼此對於愛情的看法是否合得來很重要

一談到戀愛或是結婚，二人之間的**相容性***非常重要。不管彼此有多麼相愛，若是個性不合，彼此的溝通互動就不會太順利。因為戀愛而產生的壓力，往往只會招致不幸的結果。如果要談戀愛的話，締結使人生變得更美好的緣分才是最理想的。

在容貌、地位或能力上很相配，對於事物的思考方式和興趣也相似的對象，通常在戀愛方面的相容性也會很好，因此建議尋找這樣的對象來談戀愛（**配對理論**▶P174）。另外，若是性格完全正相反的對象，如果剛好可以相互彌補對方的優缺點，戀情也能順利進展下去，可說是能夠一起吃苦享福的理想伴侶。

WORD 相容性：意指人與人之間在建立人際關係時，彼此的性格或特質等是否合得來。如果彼此的相容性佳，很少出現意見相左或對立的狀況，能夠建立起圓滿的人際關係。

約翰・李提出的愛情6種類型

約翰・李把愛情區分為6種類型。雖然不能完全符合每個人的實際狀況，但還是能夠作為個人愛情傾向的參考基準。比較一下自己和喜歡的人的愛情傾向吧。

關於愛情觀的提問

請從以下的敘述中，挑選一個與自己心中的理想愛情最接近的項目。各項對應的類型就是你的愛情類型。

❶彼此沉迷在激情的愛欲之中➡情欲之愛

❷戀愛是遊戲，是為了享受過程➡遊戲之愛

❸比起性愛，更理想的是培養深厚友誼、如好朋友般的關係➡同伴之愛

❹全心想著對方的事情，想到晚上都睡不著➡瘋狂之愛

❺選擇對於自己未來有利的對象➡實用之愛

❻一心只想為對方鞠躬盡瘁。為了這份愛，付出任何犧牲都可以➡利他之愛

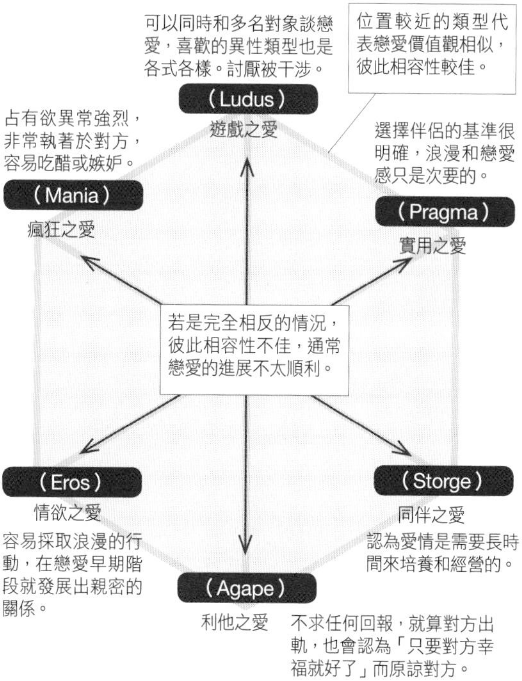
可以同時和多名對象談戀愛，喜歡的異性類型也是各式各樣。討厭被干涉。
位置較近的類型代表戀愛價值觀相似，彼此相容性較佳。
（Ludus）
遊戲之愛
占有欲異常強烈，非常執著於對方，容易吃醋或嫉妒。
選擇伴侶的基準很明確，浪漫和戀愛感只是次要的。
（Mania）
瘋狂之愛
（Pragma）
實用之愛
若是完全相反的情況，彼此相容性不佳，通常戀愛的進展不太順利。
（Eros）
情欲之愛
容易採取浪漫的行動，在戀愛早期階段就發展出親密的關係。
（Storge）
同伴之愛
認為愛情是需要長時間來培養和經營的。
（Agape）
利他之愛
不求任何回報，就算對方出軌，也會認為「只要對方幸福就好了」而原諒對方。

需要事先確認的是，對方在談戀愛時是屬於哪一種類型。社會心理學家**約翰・李**＊以訪談調查的方式，觀察受試者談戀愛時的開始、發展以及結束方式，他的研究結果將愛情區分為6種類型（上圖）。**對於愛情抱持同樣態度的人，彼此更容易理解對方，關係進展順利的可能性也比較高。**如果是相反的類型，可能會被對方折騰、總是爭吵不斷等，關係比較容易呈現緊張狀態。

小知識　面對不幸的戀愛……

當朋友正在談一場不幸的戀愛時，你會怎麼處理？如果強烈反對，往往只會造成反效果。由於障礙愈多、感情愈火熱的「羅密歐與茱麗葉效應」使然，外人的反對只是火上澆油。我們所能夠做的，就是安靜地在一旁守護、傾聽他們的心事。很遺憾地，世界上並沒有降溫戀愛熱度的特效藥。

WORD＞約翰・李（John Alan Lee）：加拿大的社會心理學家，他提出「愛情的色彩理論」（Color Theory），將愛情的形式區分為6種類型。

1 了解你的性格

你選的圖形是……

① Z形
➡想像力和直覺力都很出色，擁有和普通人稍有不同的想法。珍惜自由的心、討厭被規則束縛。有時候或許會讓周圍的人無法理解。

② 正方形
➡朝著目標孜孜不倦努力的人。在各式各樣的領域都能發揮實力。因為是萬能型的人才，被周圍的人所重視，也適合在團隊中擔任統合的工作。

③ 三角形
➡具有強力領導風範、精力充沛的類型。善於交際，可以交到很多朋友。設定行動的目標，雖然也會遭遇失敗，不過，擁有朝向相信的道路持續邁進的堅強心智。

④ 圓型
➡重視與周圍的和諧，富合作性的類型。在遵守社會規範之餘，同時能夠體貼並理解他人的心，因此深受周圍的信賴。適合站在人與人之間進行協調性的工作。

⑤ 長方形
➡具上進心、獨立心強，將不斷進步當作自身的目標努力。雖然容易低估自己，不過並不是沒有自信。可藉由不斷地努力，找到自己能夠活躍的領域，發揮自己的實力。

2 排序在第4名的人，就是自己想要隱藏的缺點

你排序在第4名的是……

A 容易忘東忘西的人
➡自己的弱點其實就是「容易忘東忘西」。你不僅容易忘記自己說出來的話或約定，還對此狀況擺出一副無可奈何的態度，也許有人會對這樣的你感到焦急心煩。如果有重要的事情，就做筆記提醒自己，多花費一些心思改進吧。

B 缺乏時間觀念的人
➡你是不是覺得不遵守時間是「沒什麼大不了的事」呢？即使只是短短幾分鐘，站在等待立場上的人就會感受到心中不斷擴大的焦慮和不安。行動時確保時間充裕，萬一快遲到時務必確實和對方取得聯絡。

C 動作很慢的人
➡為什麼你總是比別人慢一步？雖然任何事情都以踏實的步調去做並非壞事，但有時候還是必須優先考慮時間，配合周圍的節奏。看看周圍的人，確認一下自己是不是又讓別人等待了。

D 缺乏一般常識的人
➡你的弱點就是缺乏一般常識。你認為缺乏常識的自己只是天真無邪的、毫無防備的表現罷了，這種心態使周圍的人感到很苦惱。若你已經察覺到「這是弱點」的話，建議有時候「不懂裝懂」一下也很重要。

3 了解自己是否容易受到他人影響

你把蝴蝶畫在……

A、B的蝴蝶都停在花上

➡很容易受到他人影響，同時也會對他人帶來很大影響的類型。具有存在感，雖然説是受他人影響，也不是毫無主見地隨波逐流。懂得適時加入自己的想法，在兩者之中取得平衡。

A、B的蝴蝶都在空中飛翔

➡既不受他人影響，也不影響他人。擁有獨特的世界觀，很難受到周圍的人理解。只活在自己的世界裡，有時候可能會感覺到走投無路或寂寞。

A的蝴蝶停留在花上，B的蝴蝶在空中飛翔

➡強烈受他人影響，但另一方面卻不會帶給他人影響的類型。只是一味追趕流行、模仿他人，最終失去了自己的個性。建議多去思考事物的好與壞，一步步尋找出自己的獨特性吧。

B的蝴蝶停留在花上，A的蝴蝶在空中飛翔

➡幾乎不受到他人影響，但是卻會強力影響他人的類型。由於非常重視自身的獨特性，有可能會出現輕視他人的言行舉止。當從別人身上得到靈感或想法時，不要輕易地就將來自他人的影響視為「壞東西」，偶爾不妨嘗試接受看看。

4 了解自己察言觀色的能力

在回答欄中，若第1、2、5、7、10、12、16、19、20、22、23、26、27題回答A的話，請給1分。若第3、4、6、8、9、11、13、14、15、17、18、21、24、25、28題回答B的話，請給1分。

合計20分以上

➡擅長從他人的言行舉止中了解對方的心情。不管是在工作領域或私人方面，應該都可說是順利地經營人際關係。提醒自己不要忽略了語言上的溝通交流。

合計10分以上

➡你是能夠以普通程度推測他人心情的人。如果再更仔細去觀察細節的話，也許能夠更進一步理解對方的心思。

合計9分以下

➡也許你不太擅長揣測別人的心情。為了讓人際互動更加圓融，要好好觀察他人的言行舉止，努力站在對方的立場上來思考，試著去想像對方的心情吧。

5 了解目前自己心中抱持的不滿或不安

幾封信、誰寄的、信上寫了什麼內容？

1 信箱中有幾封信？

信件數量代表你心中不滿、不安的數量。

2 那是誰寄來的信？

代表令你感到不滿和不安的對象。

A 朋友	➡ 在友誼關係上面臨煩惱。
B 父母	➡ 對於親子關係感到不滿，或是對父母感到不安。
C 戀人	➡ 對於戀愛關係、戀人的情感抱持著不滿或不安。
D 職場的人	➡ 為了職場上的人際關係、工作狀況感到煩惱。

3 你會將那封信如何處置？

A 撕碎丟掉

➡假裝沒看到、拒絕面對問題的類型。由於問題本身無法解除，因此不安一直殘留在心底。試著鼓起勇氣去正視問題的存在吧。

B 重讀好幾次

➡一個人悶悶不樂、抱頭煩惱的類型。如果在煩惱之中找到解決問題的方式倒還好，但通常都是無法解決的情況比較多。尋求別人商量或協助等，試著以客觀角度來看待煩惱，說不定結果會更好。

C 開始寫回信

➡遭遇問題時會積極面對的類型。如果是在經過深思熟慮之後採取行動，即使一時的結果不甚理想，也已經是向前邁進一大步了。

D 放回信箱中

➡對問題置之不理的類型。心中想著「之後再好好考慮吧」，但有時就這樣忘記處理了。也可說是不會累積壓力的幸福的人。但是，「如果當時有那樣做的話……」，像這樣在日後才感到懊悔的可能性也很高。

索引

ㄅ

不快樂 21
表情 24
巴納姆效應 44
悲觀性格 56
不滿 60、68、70
不安 72、132
卑下屈從 76
鄙視（自我貶低） 76
報酬 90
部分強化 152
不定率強化 153
暴食症 159
彼得潘症候群 166

ㄆ

魄力 36
偏誤 168
配對理論 174、184

ㄇ

祕密領域 50
盲點領域 50
夢 72
磨牙 120
夢話 120

ㄈ

非語言溝通 25、114、182
肥胖型 26
分裂氣質 26
防禦機制 68、79、179
反向作用 69、79
反社會性人格障礙 78
負向溝通 83
符號（象徵法） 98
非日常 137
父控（戀父情結） 162、175

ㄉ

代替 68
倒退 69、72
動作 108
抖腳 122、132
獨語 133
第一印象 142
賭博 152
賭博成癮症 152
吊橋效應 172

ㄊ

他罰型 17
他人志向型 28、34
逃避 69
團體 84
團體規範 84、89
團體壓力 84
脫軌行為 88
同理的瞭解 94
同步 95、96
同調舞蹈 95
調整的動作 99
同理心 111
同調 117
停止法 129
他人視線恐懼症 134
囤積症 139
投射 179

ㄋ

內傾型 18
黏著氣質 27
內化式從眾 35
內發性動機 47
內部壓力源 53
內在控制型 92、130
內在自我意識 102

ㄌ

老大性格 32
老二性格 33
老么性格 33
樂觀性格 56
領導風範 74
領域 109
六月病 147
連續強化 152
戀母情結（伊底帕斯情結） 162
戀父情結（厄勒克特拉情結） 162、175
羅密歐與茱麗葉效應 185

ㄍ

感覺型 19
光環效應 64、143
攻擊行為 70、128
共鳴 71
個人空間 86
個人距離 87
公共距離 87
歸屬意識 88
公眾自我意識 102、104
個性 106
工作成癮症 150
過勞死 151
慣性 154
過度保護 163
過度支配 163
共依存 163
肛門期 163
歸因謬誤 172
跟蹤狂行為 180

ㄎ

庫埃法則 23
刻板印象 45
開放領域 50
恐慌症 55
口頭禪 114
抗壓性 156
口腔期 163

ㄏ

合理化 69
謊言癖 78
回報 90

ㄐ

角色 23
嫉妒 40、82、178
檢視 73
競爭心 82
經濟性交換 91
肢體語言的動作 98
藉口 130
潔癖症 140
焦躁感 146
酒精成癮症 154
戒斷症狀 155
家庭暴力（DV） 181

● ㄑ

情感型 19
親和需求 29、160、173
親密度 30
群體心理 35
屈從式從眾 35、105
確認偏誤 39
喬哈里窗 50
情緒調節型對策 58
遷怒 68
親密距離 86
情緒表現 99
情緒分類 99
強迫性障礙 140
潛伏期 163
強迫性思維 168

● ㄒ

性格分類 18、21、26
歇斯底里 19
性格類型 19
性格 20
細瘦型 26
習慣 46
心理性、社會性的壓力 54
情結（複合意識） 60、162
心理創傷 72、141
虛榮心 78
協調性 117
謝罪 130
稀有性原理 136
心理抗拒 136
新近效應 143
行為成癮 152、158
虛擬 160
性的欲求（欲力） 163
性 164
性別 164
性別角色 165
性別認同 165
性別認同障礙 165
仙杜瑞拉情結 167
相容性 184

● ㄓ

直覺型 19
壯碩型 26
追求一致性的壓力 34
占有欲 41、178
正向溝通 83
忠誠度 89
真心話 103
肢體動作 108、122
肢體語言 122
正視恐懼症 135
中途下車症候群 167
肢體接觸 177

● ㄔ

成功經驗 37
成見 38
成就動機 46
初始效應 142
成癮症 151
成年小孩 167
成癮 181

● ㄕ

受人喜愛的性格 21
受人厭惡的性格 21
史丹佛監獄實驗 22
身體動作 25
生理性的壓力源 54
社會支援型對策 59
身體邊界 66、116
社會距離 87
社會交換理論 90
社會性交換 91
身體同步 95
手勢（肢體動作） 98
身體操作 99
善意的回報性 107
睡姿 121
失智症 133
視線恐懼症 134
適應障礙 146
生殖器期 163
眼神接觸 177

● ㄖ

人際關係 31、104
認知處理型對策 59
認知一致性理論 62
人際認知 104
認知扭曲 148

● ㄗ

自罰型 17
自我暗示 23
躁鬱氣質 26
自我中心式的 29
自我厭惡 41
自我 50
自我揭露 51、96
自卑感 60、64
自卑情結 60
自尊心 62、125、126、180
自我評價 62、64、74
自動化思考 64、148
挫折 68、70
挫折容忍力 69、71
自尊情感 74、77
自我貶低 76
自我否定 76
自我表現欲 82
自我揭露的回報性 97
自我意識 102
自我印象 124、126
自戀 126、179
自戀症 126
自戀者 126
自戀型人格障礙 127
自我說服法 129
自我正當化 131
自言自語 132

自笑 133
自我視線恐懼症 134
自我概念 156
自殘行為 159
尊重需求 161
自我肯定感 178

● ㄘ

從眾行為 34、100

● ㄙ

思維型 19
色彩心理學 118
《色彩論》 118
色彩調節 118
思覺失調症 133

● ㄧ

一致性從眾 35
優柔寡斷 36
移轉自信法則 37
壓力 42、52、58、132
壓力源 42、54、56、58
壓力紓解 43
壓力學說 52
憂鬱症 55
壓力管理 56
壓力因應 56、58
壓抑 73
優越感 124
飲食障礙症 158
厭食症 159
陰莖期 163
抑鬱症狀 159

● ㄨ

無罰型 17
外傾型 18
外表 24
外發性動機 47
未知領域 50
外部壓力源 53
物理性的壓力源 54
五月病 54、147
問題解決型對策 58
外在控制型 92、130
我 101
萬能感 124
完美主義 138
網路成癮症 161

● ㄩ

欲力（libido） 18、163
語言溝通 25
欲求不滿 68
餘光恐懼症 135

● ㄚ

啊哈體驗 77、178

● ㄞ

愛情的六種類型 185

● ㄠ

傲慢 23、75、110
傲慢症候群 111

● 英數

ADHD（注意力不足過動症） 138

主要参考文献

『相手の心を絶対に見抜く心理術—裏の心理を読んで動かすスーパーメソッド19』YUUKI YUU 著（海竜社）
『相手の心を絶対にその気にさせる心理術』YUUKI YUU 著（海竜社）
『心理学入門—心のしくみがわかると、見方が変わる』YUUKI YUU 監修（学研教育出版）
『面白いほどよくわかる!自分の心理学』渋谷昌三 著（西東社）
『「なるほど!」とわかるマンガはじめての心理学』YUUKI YUU 監修（西東社）
『「なるほど!」とわかるマンガはじめての恋愛心理学』YUUKI YUU 監修（西東社）
『「なるほど!」とわかるマンガはじめての他人の心理学』YUUKI YUU 監修（西東社）
『産業・組織心理学エッセンシャルズ』田中堅一郎 編（ナカニシヤ出版）
『ワーク・モティベーション』ゲイリー・レイサム著、金井壽宏 監修、依田卓巳 訳（NTT出版）
『心理学小辞典』大山正・藤永保・吉田正昭 共著（有斐閣）
『イラストレート人間関係の心理学』齊藤 勇 著（誠信書房）
『図解でわかる深層心理のすべて』齊藤 勇 著（日本実業出版社）
『心理学がわかる事典』南 博著（日本実業出版社）
『人間関係の心理学』齊藤勇 編（誠信書房）
『自分がわかる心理学—心が軽くなるアドバイス』渋谷昌三 著（PHP研究所）
『心理学がイッキにわかる本』渋谷昌三 著（西東社）
『フシギなくらい見えてくる!本当にわかる心理学』植木理恵 著（日本実業出版社）

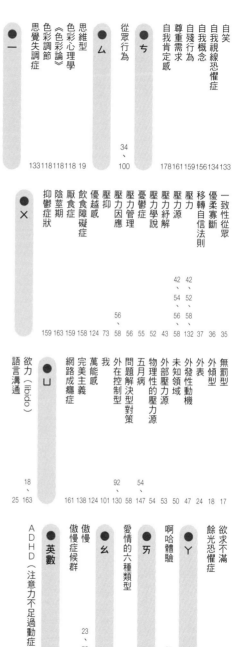

staff list

- 插　　畫——坂木浩子
- 設　　計——鷹鸄麻衣子
- 協力執筆——圓岡志摩　岡林秀明
- 協力編輯——VIEW 企劃有限公司（池上直哉）

國家圖書館出版品預行編目資料

了解自我心理學【漫畫圖解版】/ YUUKI YUU 監修；楊裴文譯 . -- 初版 . -- 臺中市：晨星，2019.08
面；　公分 .——（勁草生活；456）

譯自：「なるほど！」とわかる マンガはじめての自分の心理学

ISBN 978-986-443-894-5（平裝）

1. 心理學　2. 漫畫

170　　108009548

勁草生活 456

了解自我心理學【漫畫圖解版】

「なるほど！」とわかる マンガはじめての自分の心理学

監修	YUUKI YUU
譯者	楊裴文
編輯	王韻絜
封面設計	Lime Design
美術設計	曾麗香
創辦人	陳銘民
發行所	晨星出版有限公司 407 台中市西屯區工業 30 路 1 號 1 樓 TEL：04-23595820　FAX：04-23550581 行政院新聞局局版台業字第 2500 號
法律顧問	陳思成律師
初版	2019 年 8 月 20 日　初版 1 刷
總經銷	知己圖書股份有限公司 106 台北市大安區辛亥路一段 30 號 9 樓 TEL：02-23672044 / 23672047　FAX：02-23635741 407 台中市西屯區工業 30 路 1 號 1 樓 TEL：04-23595819　FAX：04-23595493 E-mail：service@morningstar.com.tw 網路書店 http://www.morningstar.com.tw
讀者專線	04-23595819#230
郵政劃撥	15060393（知己圖書股份有限公司）

歡迎掃描QR CODE
填線上回函

定價 320 元

ISBN 978-986-443-894-5
「NARUHODO!」 TO WAKARU MANGA HAJIMETE NO JIBUN NO SHINRIGAKU